U0104979

古典文獻研究輯刊

三二編

潘美月・杜潔祥 主編

第 13 冊

《周易玩辭困學記》校證
（第一冊）

陳 開 林 著

國家圖書館出版品預行編目資料

《周易玩辭困學記》校證（第一冊）／陳開林 著 -- 初版 -- 新
北市：花木蘭文化事業有限公司，2021〔民110〕
目 4+154 面；19×26 公分
（古典文獻研究輯刊 三二編；第 13 冊）
ISBN 978-986-518-394-3（精裝）
1. 易經 2. 易學 3. 研究考訂
011.08　　　　　　　　　　　　　　　　　110000580

ISBN-978-986-518-394-3

9 789865 183943

古典文獻研究輯刊
三二編　第十三冊　　　　　　　ISBN：978-986-518-394-3

《周易玩辭困學記》校證（第一冊）

作　　者　陳開林
主　　編　潘美月、杜潔祥
總 編 輯　杜潔祥
副總編輯　楊嘉樂
編　　輯　許郁翎、張雅淋　美術編輯　陳逸婷
出　　版　花木蘭文化事業有限公司
發 行 人　高小娟
聯絡地址　235 新北市中和區中安街七二號十三樓
　　　　　電話：02-2923-1455／傳真：02-2923-1452
網　　址　http://www.huamulan.tw 信箱 service@huamulans.com
印　　刷　普羅文化出版廣告事業
初　　版　2021 年 3 月
全書字數　585776 字
定　　價　三二編 47 冊（精裝）台幣 120,000 元
　　　　　　　　　　　　　　　　　　版權所有 · 請勿翻印

《周易玩辭困學記》校證
（第一冊）

陳開林　著

作者簡介

陳開林（1985～），又名陳宣輔，湖北麻城人。2009 年畢業於重慶工商大學商務策劃學院，獲管理學學士學位（市場營銷專業商務策劃管理方向）。2012 年畢業於湖北大學文學院，獲文學碩士學位（中國古代文學先秦方向）。2015 年畢業於華中師範大學文學院，獲文學博士學位（中國古代文學元明清方向）。現為鹽城師範學院文學院講師。主要研究宋元明清文學、近代文學、中國古典文獻學、經學。出版專著《〈全元文〉補正》、《劉毓崧文集校證》，並在《圖書館雜誌》《文獻》《中國典籍與文化》《古典文獻研究》《中國詩學》《圖書館理論與實踐》等刊物發表論文 90 餘篇。

提　　要

　　近年來，諸多出版社紛紛刊行易學叢書，然而選題主要聚集於王弼、李鼎祚、孔穎達、程頤、朱熹、來知德、王夫之、惠棟、尚秉和等人，多有重複。部分優秀的易學典籍，則備受冷落，亟待整理。明末張仲次所著《周易玩辭困學記》即其一例。錢謙益評其書「創獲於古人所未發」，四庫館臣亦持論較高，有整理之必要。

　　本書係《周易玩辭困學記》的首個整理本，也是著者史源學考易系列第一種。一，以清康熙六年（1667 年）刻本為底本，施以現代標點。二，以文淵閣四庫全書本為參校本，以見文本之異同。三，張氏引錄他人之說甚多，用史源學之方法逐條查考張氏引文，以明引文起止之斷限，孰為引文，孰為己說，一目了然。通過比勘引文與原出處文字，可糾正引文剪裁之訛誤。四，書中未標明係引文的部分，多為張氏自撰，但部分內容或係引錄他人之說，而不注明；或係改換他人之說，敷衍而成，亦儘量一一查明，以見張氏取材之來源。

目
次

第二冊

第三冊

第四冊

前　言

一

　　張次仲，字元岵，一字符岵。因自表讀書處曰待軒，學者稱其為待軒先生。甲申明亡之後，自號浙泛遺民。浙江海寧人。生於明萬曆己丑（十七年，1589），卒於康熙丙辰（十五年，1676），年八十八。

　　張次仲曾中明天啟辛酉（元年，1621）舉人，主考官為當世文宗錢謙益。錢氏看到張次仲的文章之後，「許其必冠南宮」。但不幸的是，其後屢上公車，都未能中選。甲申（1644）國變之後，閉門不出，潛心著述。順治中，舉賢良方正，以病辭，不就。和同邑朱朝瑛（號康流）相互切磋學問，俱以經學知名。黃宗羲在《張元岵先生墓誌銘》中寫道：「海昌有窮經之士二人：曰朱康流、張元岵。短詹破屋，皆拌數十年之力，曉風夜雨，沉冥其中。兩人每相攻難，故其成書，彼此援引，用張其說。」其刻苦勵學，由此可窺。《周易玩辭困學記》書中時有「康流曰」，經查考，這些引文大多出自朱朝瑛《讀易略記》，但有些則不知所出，恐為朱氏未寫入書中的言論或看法。這也足見二人學術交流之一斑。陳確《壽張元岵先生八十》（《乾初先生遺集》詩集卷九）稱：「先生八十道彌尊，夙注義經更討論。心薄漢儒何但宋，世傳家學又曾孫。豐年預報三冬雪，元日初開百歲樽。古不慶生惟慶壽，倘分斗酒醉齊髡。」可知張氏沉埋學問，至老彌篤。

　　其生平著述，黃虞稷《千頃堂書目》卷二十七著錄《一經堂集》，朱彝尊《經義考》卷六十三著錄《周易玩辭困學記》十二卷（《四庫全書》所收為十五卷。今未見十二卷本，恐《經義考》所記有誤）、卷一百十六著錄《待軒詩記》六卷。託名盧文弨的《經籍考》則稱其「著《易經困學箋記》（開林按：

－1－

即《周易玩辭困學記》)、《詩弋》、《晉書鈔》、《唐藩鎮考》、《土室晤言錄》等書」。此外，《販書偶記》著錄《張待軒遺集》，《中國古籍總目》著錄《待軒遺詩》二卷，清刻《海昌二十三家詩文鈔》有《待軒遺集鈔》一卷。另，國家圖書館今藏有清康熙刻本《張待軒先生遺集》十二卷。

張次仲以經學聞名，孫治《祭張元岵先生文》曾記載其生活，「閉門卻掃，蓬蒿自隱。絕床固雙跌遞見，庋架則七略充牣」。在這樣的環境下，「廼緝《易》而黜九師之邪，遂陳《詩》而衷四家之正。所攄闡者，中古憂患之情；所宣昭者，先民溫厚之訓」。

清乾隆間修《四庫全書》，張次仲《周易玩辭困學記》十五卷、《待軒詩記》八卷均加以採錄。在《四庫全書總目》中，館臣也對兩書有較高評價。

> 雖盡廢諸家義例，未免開臆斷之門，然其盡廢諸圖，則實有剗削榛蕪之力。且大旨切於人事，於學者較為有裨，視繪畫連篇，徒類算經、弈譜，而易理轉置不講者，勝之遠矣。（《四庫全書總目》卷六《周易玩辭困學記》提要）

> 故持論和平，能消融門戶之見。雖憑心揣度，或不免臆斷之私，而大致援引詳明，詞多有據，在近代經解之中，猶為典實。（《四庫全書總目》卷十六《待軒詩記》提要）

兩書在清代也產生了一定影響，如顧廣譽《學詩詳說》、查慎行《周易玩辭集解》〔註1〕分別對《待軒詩記》、《周易玩辭困學記》進行了多次援引。但令人遺憾的是，這樣一位學者，其著述迄今未能得到整理。就研究而言，成果也較少。通過知網檢索，江西師範大學 2018 年、廣西師範大學 2019 年分別有題為《張次仲〈待軒詩記〉研究》的碩士學位論文，《周易玩辭困學記》的研究則尚未得見。諸如朱伯崑《易學哲學史》（崑崙出版社 2005 年版），林忠軍、張沛、張韶宇《明代易學史》（齊魯書社 2016 年版）之類的專書，梳理明代易學典籍頗詳，亦未論及此書。這也是著者整理此書的一個初衷。

關於張次仲學《易》的經歷，其《自序》有較為詳細的記載。序稱：「余七歲就外傅，先君子教余經學，擬《春秋》，意徘徊未定。抱著而問筮人，謂：『孺子於《易》似有宿因，宜讀《易》。』遂授以文公《本義》。」但「矻矻窮

〔註1〕《周易玩辭集解》稱「張待軒曰」達三十一次。據我比勘兩書，《周易玩辭集解》另有多處引《周易玩辭困學記》之說，但未標明係引用。著者擬另作文加以考索。

年，不過為帖括應制之事，於潔靜精微之旨，了無窺見」。此一時期讀《易》，目的在於科考，因而未能窺見大《易》精微之旨。其後，這一狀況才得以慢慢轉變。「一日，經師講「潛龍勿用」，胸中憬然若有所觸，如電光石火，隨見隨滅。踰冠以後，漸涉人事，遭家多難，日行於凶咎悔吝之塗而莫之悔。老來憂患，轉迫端居，深念寡過之道，無踰讀《易》。」自此，張次仲開始了他辛苦而漫長的讀《易》、研《易》生涯。「屏跡蕭寺，晝夜紬繹，有未明瞭，更撿先輩箋疏傳注諸書，反覆參校，非謂有合於四聖，期自慊而後止。蓋風雨晦暝，疾病愁苦，二十年如一日也。賦性頗愚，不敢侈譚象數，又雅不信讖緯之說，惟從語言文字中，求其諦當有益身心者。輒便疏錄，歲久成帙，總不離經生習氣，謬題之曰《玩辭困學記》。」這也就是四庫提要所謂的「經二十餘年，凡六七易槀而後成」。

二

　　《周易玩辭困學記》一書的解《易》體例，和何楷《古周易訂詁》十六卷大體是一致的。《四庫全書總目》評價何楷之書，曰：

> 　　取材宏富，漢、晉以來之舊說雜采並陳，不株守一家之言，又
> 辭必有據，亦不為懸空臆斷、穿鑿附會之說，每可以見先儒之餘緒。

這個評價用在《周易玩辭困學記》上，也較為實用。「取材宏富」，繁徵博引，網羅剔抉前修時賢諸說，擇善而從，誠有利於多方位地解讀經義。但徵引太多，所涉及的典籍較多，造成的工作量較大。在徵引過程當中，也難免會產生一些錯誤和不足。這主要表現在這樣幾個方面。

（一）《注》、《疏》混淆

　　如《蒙》卦九二：

> 　　輔嗣：「以陽居卦內，接待群陰，是剛柔相接。」

按：此係孔《疏》，而非王《注》。《蒙》九二《象》，《正義》曰：「以陽居於卦內，接待群陰，是剛柔相接，故克幹家事也。」

（二）張冠李戴

　　如《師》卦九二：

> 　　楊廷秀曰：「一陽五陰，則五陰歸一陽，一陽為主，《師》、《比》
> 是也。一陰五陽，則五陽歸一陰，一陰為主，《同人》、《大有》是也。」

按：楊廷秀即楊萬里，著《誠齋易傳》，《周易玩辭困學記》屢見徵引。此處引文實見楊簡《楊氏易傳》卷四《師》，非楊萬里之說。

又如《否》九四：

> 康流曰：「濟時之念，易於從俗。求通之心，隣於欲速。」

按：康流即作者好友朱康流。但此說見潘士藻《讀易述》卷三《否》，稱「劉伯子曰」。

其中，最嚴重的，就是多次誤將胡居仁之說當作錢一本之說。如《比》六三、《泰》六四、《泰》六五、《臨·象》、《噬嗑》初九、《復》上六、《坎·象》、《坎》九二、《坎》九五，所引文字均見胡居仁《易像鈔》，而不是出自錢一本的《像象管見》。

（三）添字增疑

如《師》六五：

> 胡仲虎曰：二、三、四，皆將也；五，任將者也。於三曰「師或輿尸」，危之之詞，而不忍必言之也。至五則直書曰「弟子輿尸」，蓋謂五用二而又用三，必至於如此。故「長子帥師」不言吉，而「弟子輿尸」則曰「貞凶」，甚言任將之不可不審且專也。按：長子即丈人。自眾尊之曰丈人，自君稱之曰長子。《象》言師必用老成，則既貞又吉。又言用老成，而或以新進參之，雖貞亦凶。古人一歲三田，所以習武事也。五居坤土之中，故取象「田有禽」。

按：此節引文既有「胡仲虎曰」，又有「按」，粗觀之下，給人的直觀印象就是前者為胡炳文（字仲虎）之說，後者為作者之按語。檢胡炳文《周易本義通釋》卷一《師》，曰：

> 二、三、四，皆將也；五，任將者也。五任二，長子為將，又使六三弟子參之，輿尸之敗，必矣。三爻辭曰「師或輿尸」，「或」者，非必之辭，蓋謂六三為將，其敗未必至於輿尸也。而「或輿尸」，凶何如哉！危之之辭，而不忍必言之也。至五則直書曰「弟子輿尸」，蓋謂五用二而又用三，必至於如此。故「長子帥師」不言吉，而弟子則直書曰「輿尸貞凶」，甚言五之任將不可不審且專也。長子即《象》所謂「丈人」也。自眾尊之則曰丈人，自君稱之則曰長子，皆長老之稱。《象》言師必用老成，則既貞又吉。又言用老成，而或以新進參之，雖貞亦凶。吉凶之鑒昭然矣。

比勘文本可知，實則「按」字以下部分仍為胡仲虎之說。張氏妄添「按」字，容易給讀者增添錯覺。另外，「古人一歲三田」以後部分乃敷衍何楷《古周易訂詁》卷二《師》而成，其文曰：

> 五居坤土之中，故取田象。於師言田者，古人一歲三田，所以習武事也。

並不是非胡仲虎之說。由於不加區隔，也容易給人以誤導。這就涉及到下一種不足。

（四）連引多人，不加區分

如《乾・文言》：

> 子瞻曰：卦以言其性，爻以言其情。方其無畫之前，隱而未泄。及有三畫之後，泄而未盡。至二體兼備，六爻陳列，然後曲盡其情而無遺也。

按：通過考索，「卦以言其性，爻以言其情」見蘇軾《東坡易傳》卷一《乾》。「方其無畫之前」以下文字見徐師曾《今文周易演義》卷一《乾》、黃正憲《易象管窺》卷一《乾》。而此處僅標「子瞻曰」，如果不加考索的話，就會讓人誤以為此一節都為蘇軾之論。

又如《臨》六三：

> 吳氏曰：處將盛時，少有說意，便是消局，故聖人先戒之以甘，又教之以憂。甘則何念不弛？憂則何念敢放？兌，說也。兌為口，坤為土，土爰稼穡作甘，兌口遇坤，故曰「甘臨」。

按：此係化用吳桂森《周易像象述》卷三《臨》之說。其文曰：

> 臨之病全在三爻，剛說無心而正，柔說未免以情用，便落了歡娛私意之說，故曰「甘臨」。甘則何利之有？八月之消，其機皆在一甘。憂與甘正是對病之藥。纔甘便入逸樂，就成消局；纔憂便知戒謹，就成長局。故憂之可以補咎。凡兌三多言位不當，以柔居二剛之上為不宜也，非以柔居剛之謂。

據此，則後一部分與吳氏無關。「兌為口」之下實為虞翻之說，見李鼎祚《周易集解》卷五《臨》。

再如《繫辭上傳》「是故易有太極」章：

> 房審權云：太極生兩儀、生四象、生八卦，非今日有太極而明日方有兩儀，後日乃有四象八卦也。又非今日有兩儀而太極遯，明

日有四象而兩儀亡，後日有八卦而四象隱也。太極者，不分之陰陽。陰陽者，已分之太極。橫目所見，無非兩儀，無非四象八卦，即無非太極。周子云「無極而太極」，蓋恐人誤認太極別有一物，而於陰陽之外求之也。

按：經考索，「而四象隱也」之前係房審權之說，見焦竑《易筌》卷五《繫辭上傳》。「太極者，不分之陰陽。陰陽者，已分之太極」，見沈一貫《易學》卷九《繫辭上傳》。之後部分，則是櫽括何楷《古周易訂詁》卷十一《繫辭上傳》之說。

（五）人我不分

除了牽連多家之外，書中還有人我不分的情況，如《坤·文言》：

鄭中甫曰：「陰疑於陽必戰」，是陰與陽交戰也。交戰而獨曰龍戰者，是時陰處其盛，目中已無陽矣。為其嫌於無陽也，故獨稱龍為戰，若曰陰犯順而龍戰之。以討陰之義與陽，不許陰為敵也。於陽氣衰微陵替之際，尊而號之曰龍，猶《春秋》書「天王狩河陽」、「公在乾侯」之意。

按：鄭中甫之說至「不許陰為敵也」止，見張振淵《周易說統》卷一《坤》。此下為張氏之說。

又如《巽》九二：

歸熙甫曰：禮文之繁縟，氣象之謙沖，苟出於心，雖煩不厭；苟當於禮，雖卑不屈。故曰「得中」。中者，誠而已。

按：檢歸有光《易經淵旨》卷中《巽》，其說至「雖卑不屈」止。其後乃張氏之說。

又如《未濟》上九：

焦弱侯曰：《既濟》之終有亂之理，故上六以『濡首』表人事之危。《未濟》之終有濟之理，故上九以『濡首』表人事之失。《易》言人，不言天。既濟、未濟，皆人為之也。

按：檢焦竑《易筌》卷四《未濟》上九，曰：

《既濟》之終有亂之理，故上六以濡首為人事之危。《未濟》之終有濟之理，故上九以濡首為人事之失也。六五以九二為孚，則上九之孚者，六三也。濟以孚為美，然而所以用此孚者，不可忽也。六三以坎從離，酒自下升而入於上，則飲食之象也。上九

自離入坎，首反向下而入於酒，則濡首之象也。我飲食彼，則彼
可以出險而成既濟之功。彼濡我，則並我而入於險矣。患難將終，
天下將濟。當此之時，上之舉動豈可有失，失則敗矣。此君子謹
於辨物居方之事。

據此，則《周易玩辭困學記》所引焦氏之說，至「表人事之失」而止。「《易》
言人」以下則為張氏自己之見解。

又如《繫辭上傳》：

郭相奎曰：謂之「成位」，則「成男」、「成女」為不虛矣。夫以
藐然之身，而與天地頡頏，宜有異人術，而止一易簡。則聖賢大非
難事，人特自暴自棄耳。

按：此一節中，只有「夫以藐然之身，而與天地頡頏，宜有異人術，而止一易
簡」為郭相奎之說，見《郭氏易解》卷十一《繫辭上傳‧首章總論》。

（六）不究本源

如《乾‧彖》：

潘去華曰：「凡象以易象與天道雜言，見易之所象皆天道也；以
人事終之者，見易以天道，言人事也。此六十四卦之例。」

按：文見明代潘士藻（字去華）《讀易述》卷一。《讀易述》與《周易玩辭困學
記》一樣，也是博引他人之說，且時有引用卻不加以標明之處。此處非潘士
藻原創，乃引用宋代項安世《周易玩辭》卷一《乾‧彖》。

又如《大過‧彖》：

錢塞庵曰：「『獨立不懼』，如木在水中，挺持而不傾欹。『遯世
無悶』，如水過木杪，湮沒而不呈露。」

按：見錢士升《周易揆》卷四《大過》。然此說早見吳澄《易纂言》卷五《大
過》：

君子大過人之事，其獨立不移也，如木在水中，挺持而不傾欹；
其遯世不見也，如水過木杪，淹沒而不呈露。不懼於內，而無悶乎
外，猶木不動搖，而任水之淹浸也。

另外，崔銑《讀易餘言》卷三《大象說‧大過》、何楷《古周易訂詁》卷三《大
過》均有相近之說。

又如《大壯》六五：

潘去華曰：「四以剛居柔，故『藩決』而『悔亡』。六五以柔居

> 剛，故羊喪而『無悔』。四之所決，即九三所觸之藩；五之所喪，即
> 上六不退之羊。」

見潘士藻《讀易述》卷六《大壯》。實則此語早見項安世《周易玩辭》卷七《大壯·喪羊於易》。張振淵《周易說統》卷五《大壯》亦引此語，稱「項平菴曰」。

（七）來源似是而非，不夠嚴謹

如《蹇》六四：

> 鄒汝光曰：連齊桓、管仲之交者，鮑叔也。連簡公、子產之交
> 者，子皮也。連漢高、韓信之交者，蕭何也。

按：此語實出錢士升《周易揆》卷六《蹇》。檢鄒汝光《易會》卷四《蹇》，曰：

> 連威公、管仲之交者，鮑叔也。連簡公、子產之交者，子皮也。
> 變兌為麗澤，卦變《咸》。陰陽相感，亦來連象。

何楷《古周易訂詁》卷四《蹇》引「鄒汝光云」，與《易會》同。因鄒汝光有類似之說而致誤。

（八）引文不注

《周易玩辭困學記》很多地方注明某人曰，雖然標注有一些錯誤或不足，但讓人能夠知曉此處是引文，而非張氏之說。相比之下，書中還有大量的文字，雖然沒有標注是引用，但通過考索，可知是引用他人之說。

如《觀》六三：

> 按：「我」字凡論全卦，皆以主爻為我。《蒙》九二、《小畜》六
> 四、《頤》上九、《小過》六五、《中孚》九二是也。獨《需》三《鼎》
> 二《解》三《旅》四及觀之六三、九五各自以本爻稱我，非一卦之
> 事。

按：經查，此一按語實節錄項安世《周易玩辭》卷五《觀·我》，非張氏之說。

又如《雜卦傳》：

> 「咸，速也；恒，久也。」
>
> 「渙，離也；節，止也。」
>
> 「解，緩也；蹇，難也。」
>
> 「暌，外也；家人，內也。」

《周易玩辭困學記》分別有解，曰：

> 「有感則速，速則婚姻及時。有恆則久，久則夫婦偕老。」

　　「坎水在巽風之下，為風所離散。坎水在兌澤之上，為澤所節
止。」

　　「出險之外，安舒寬緩之時。居險之下，大難切身之際。」

　　「外，疏之也，故二女二心。內，戚之也，故一家一心。關子
明曰：『明乎外者，物自睽。明乎內者，家自齊』，亦可味。」

通過考索，此四節注解均非張氏之說，而係他人之說，分見來知德《周易集注》卷十五《雜卦傳》、吳澄《易纂言》卷十二《雜卦傳》、來知德《周易集注》卷十五《雜卦傳》、沈一貫《易學》卷十二《雜卦傳》。

　　此類甚多，不另舉。詳參書中考訂。

　　由於張次仲引文不注，後人在使用《周易玩辭困學記》的時候，往往會將張次仲引用的文字誤當做張次仲之原創，從而加以引用。

　　如查慎行《周易玩辭集解》卷十《說卦傳》：

　　張元岵曰：「為少女，女子之未嫁，以兄弟言；為妾，女子之既嫁，以嫡娣言。」

　　按：此語原出張獻翼《讀易紀聞》卷六《說卦傳》，非張次仲引創論。查慎行逕引《周易玩辭集解》而不察。

（九）轉引他書，未核原書而致誤

　　《周易玩辭困學記》有時注明某人說，實則據他書轉引，而非檢核原書所得。如《震》六二：

　　楊廷秀曰：「有墮甑弗顧之達，自有去珠復還之理。」

　　按：楊萬里《誠齋易傳》未見此語。而吳澄《易纂言》卷二《震》云：「若有墮甑弗顧之達，則有去珠復還之喜。」胡廣《周易大全》卷十八《震》、蔡清《易經蒙引》卷七下《震》引用，均稱「臨川吳氏曰」。檢焦竑《易筌》卷四《震》：「廷秀曰：『有墮甑弗顧之度，必有去珠復還之喜。』」追溯張次仲致誤之由，乃緣轉引《易筌》而致。

　　以上就張氏書中的一些問題略加舉例說明。要解決這些問題，只有一個辦法，就是用史源學，對各條文字進行史源查考，找到其原始出處，方可辨別孰為甲說，孰為乙說；孰為人說，孰為己說。

　　辨明了甲說和乙說、引文與己說，一方面能夠較為準確地進行文本的句讀；更為重要的是，能夠使學界在研究《周易玩辭困學記》時，可以避免誤將他人之說當作張次仲之說，以致誤將他人之易學見解當作張次仲之易學見解的弊病。

三

　　關於《周易玩辭困學記》的版本，諸書所載不同。《雍正浙江通志》卷二四一、《明史》卷九六著錄為十二卷；嵇璜《續通志》卷一五六、李楁《民國杭州府志》卷八十六著錄為十五卷，李楁注云「《乾隆志》作十二卷，蓋本《通志》。今據《四庫書目》改正」；嵇璜《續文獻通考》卷一四五、徐乾學《傳是樓書目》著錄為無卷數，徐乾學稱「六本。又一部，十本」。盧文弨《經籍考》著錄清鈔本《易經困學箋記》，稱「作《周易玩辭困學記》，十二卷」，則書名亦有別稱。

　　今所存僅見康熙本和四庫本。沈津先生在《美國哈佛大學哈佛燕京圖書館藏中文善本書志》中著錄了清康熙刻本，並就康熙本與四庫本的差別，進行了詳細的介紹，茲不贅述。（參本書附錄五）沈先生通過各家書目的著錄情況，指出「此書曾有十五卷、十二卷、八卷、六卷及不分卷之不同版本行世，及至今日，祇在《四庫》之十五卷本與此不分卷本矣」。本書在整理過程中，以哈佛大學哈佛燕京圖書館藏康熙八年刊本為底本，以《景印文淵閣四庫全書》本為參校本。但由於康熙本不分卷，故借用四庫本的卷次，以清眉目。

　　由於涉及的典籍很多，大部分的典籍都可以查檢得到，而有一小部分典籍，或是已經亡佚，或是庋藏於國外，其史源無從注明。對於能查到的史源，引文起訖是很清楚的。而那些暫時沒有查到的史源，文字起訖只能憑藉個人的理解，容或有錯。

　　當然，對於《周易》這樣一門深邃的學問，著者水平有限，加之時間倉促，整理過程中難免會有差錯，敬祈方家指正！

凡　例

一、正文六十四卦每卦原只有卦象，沒有卦名。今為便於觀覽，故補入六十
　　四卦名。

二、因有連引數人之說而僅注一人，或因他人之說後附以己見等（詳見前
　　言），部分引文暫時沒有查到史源，文字起訖只能憑藉個人之理解，引
　　號標識範圍容或有錯。

三、張氏書中對《周易》文句之句讀，有不同於常見之句讀者，依張氏之解讀
　　而施加標點。

四、張氏書中有文字之區分，如《乾》卦有「潛」、「**潜**」之區分；《需》卦有
　　「言」、「**言**」之區分；等等。則一依原書，不作統一處理。

五、校證所引典籍，僅於首次標其朝代，後則從略。

六、張氏書中所引之文字，校證一般只標注出處。惟文本差異較大時，則錄
　　原文，以備參考。

七、《周易玩辭困學記》引俞琰《周易集說》、張獻翼《讀易紀聞》、潘士述《讀
　　易述》、焦竑《易筌》、何楷《古周易訂詁》等處，一般只注相應出處。若
　　所引俞琰、張獻翼、潘士述、焦竑、何楷之說亦係引錄剪裁而成，此則不
　　加考辨，詳參拙著《〈周易集說〉校證》、《〈讀易紀聞〉校證》、《〈讀易述〉
　　校證》、《〈易筌〉疏證》、《〈古周易訂詁〉校證》。

自　序〔註1〕

　　余七歲就外傳，先君子教余經學，擬讀〔註2〕《春秋》，意徘徊未定。抱著而問筮人，謂：「孺〔註3〕子於《易》似有宿因，宜讀《易》。」遂授以文公《本義》。矻矻窮年，不過為帖括應制之事，於「潔靜精微」之旨，了無窺見。一日，經師講「潛龍勿用」，胸中憬然，若有所觸，如電光石火，隨見隨滅。踰冠以後，漸涉人事，遭家多難，日行於凶咎悔吝之塗而莫之悟〔註4〕。老來憂患轉迫，端居深念寡過之道，無踰讀《易》。讀《易》之道，當以夫子《十翼》為宗，庶幾循流溯源，可以仰窺伏羲、文、周三聖人之意。屏跡蕭寺，晝

〔註1〕謝輝《梵蒂岡圖書館藏明清刻本易學典籍序錄》（《估計保護研究》第2輯，大象出版社2016年版，第109頁）著錄《周易玩辭困學記》不分卷，稱：
　　　　清張次仲撰。清康熙八年（1669）刻本。一函五冊。半頁九行二十一字。白口，四周雙邊，單魚尾。版心上題「玩辭困學記」，上經首頁版心下題「旌邑劉鐵鍾甫書刊」。卷末題「海寧張次仲元岵習，男昶季和孫切無逸仝較，旌邑劉鐵鍾甫書並刊」。卷前有康熙八年張次仲《自序》、陸嘉淑《跋》。卷中有朱筆批註甚多，其中有謂「與予《易贊》合」者，按清初王畏曾作《易贊》，不知批註是否出於其手。此書較常見者為《四庫全書》本，而此康熙刻本則流傳較少，國內僅知中國科學院圖書館有藏，國外僅知美國哈佛燕京圖書館與日本內閣文庫有藏。
　　　　按：梵蒂岡圖書館藏卷首有自序，美國哈佛燕京圖書館藏卷首無自序。今見日本內閣文庫藏本，卷首亦有自序。可知哈佛燕京圖書館藏本原當有自序，後佚失。今據日本內閣文庫藏本補。
　　　　另，此序載張次仲《待軒遺集》卷四。
〔註2〕「讀」，四庫本無。
〔註3〕「孺」，四庫本作「儒」。
〔註4〕「悟」，四庫本作「悔」。

夜紬繹，有未明瞭〔註5〕，更撿〔註6〕先輩箋疏傳注諸書，反覆參校，非謂有合於四聖，期自慊而後止。蓋風雨晦暝，疾病愁苦，二十年如一日也。賦性顓愚，不敢侈譚象數，又雅不信讖緯之說，惟從語言文字中，求其諦當有益身心者。輒便疏錄，歲久成帙，總不離經生習氣，謬題之曰《玩辭困學記》。困則困矣，學之一字，吾甚愧之。初意秘之篋衍，其或傳或不傳，靜以俟〔註7〕運候之至。偶有因緣，率爾災木。平生寡交遊，不能以卮言剩句乞言玄、晏。畧書本末，附載《讀易大意》。書成，或怪其無序，復勉為捉筆，弁之簡首。昔虞仲翔，讀《易》士也，其言曰：「四海有一人知己，足以不恨。」蘇子瞻為孫子思作書，餘紙二幅，別寫一束報子思，曰：「留此付與五百年後人作跋。」古人之急於求知，果於自信如此。余之此書，未知五百年後尚在人間否。縱在人間，亦未知有一二知己撫卷低佪，展紙和墨，為余書數語否也。擲筆慨然。康熙己酉臯月朔浙汜張次仲題於悟空精舍〔註8〕。

〔註5〕「瞭」《待軒遺集》作「了」。
〔註6〕「撿」《待軒遺集》作「檢」。
〔註7〕「俟」《待軒遺集》作「待」。
〔註8〕「康熙己酉臯月朔浙汜張次仲題於悟空精舍」，四庫本作「張次仲序」，《待軒遺集》作「己酉臯月書於悟空精舍」。。

跋 〔註1〕

待軒先生《易記》自經始以至授梓，凡更二十餘年，七易稿乃定。嘉淑任較訂之事，以三四過矣。先生於技藝玩好諸事，一無他嗜，獨於書有專至之癖，鉤纂部署，老而不衰。其讀書，大約先經而後史，先經史而後群書。而其於經也，《易》為尤邃。箋疏訓詁，琅函緗帙，以至故書舊紙，無不纘穴貫穿，爬梳辨折，縱橫塗竄，割截連綴。口吟手披，或中夜有得，籌燈疾起；或侵晨闌夕，倚柱就明。矻矻孳孳，專而且勤，未見其少怠也。

先生讀《易》，以為《易》之為書無所不有，淵微要渺，莫破莫載，無從涯涘。獨吾夫子《十翼》專為學者津梁，知夫子之意，然後文、周之詞可得而讀，羲皇之畫可得而悟也。

故其解《易》，一以夫子為宗。如因重之無十六、三十二也，卦變之非某卦自某卦來也，夫子之所不言故也。「河出圖，洛出書，聖人則之」，圖書之外無他圖也，後人因夫子之言而為圖也。卦必有主有應，六爻如主、伯、亞、旅，夫子所謂相攻相取也。皆先生所心得，而吾輩讀《易》之繩準也。

嘉淑於先生為從甥，童時即從先君子得侍先生，聞其緒論。今先生開九袠，而嘉淑亦艾且老矣，少汨沒於制舉，晚惰廢於疾病，於先生之學，嘗鼎一臠而已。獨其耐辛苦，甘寂寞，百折而不回，嘉淑知之最詳，敬書數語於後。

康熙己酉夏五後學陸嘉淑謹跋。

〔註1〕此《跋》，四庫本無。日本內閣文庫藏本亦無。

張氏易記目錄 〔註1〕

讀易大意附尺牘
乾卦鄭康成本
周易上篇

乾	坤	屯	蒙	需	訟	師
比	小畜	履	泰	否	同人	大有
謙	豫	隨	蠱	臨	觀	噬嗑
賁	剝	復	无妄	大畜	頤	大過
坎	離					

周易下篇

咸	恒	遯	大壯	晉	明夷	家人
睽	蹇	解	損	益	夬	姤
萃	升	困	井	革	鼎	震
艮	漸	歸妹	豐	旅	巽	兌
渙	節	中孚	小過	既濟	未濟	

繫辭上傳
繫辭下傳
說卦傳　序卦傳　雜卦傳

〔註 1〕此目錄，四庫本無。

《周易玩辭困學記》卷首〔註1〕

讀易大意

王輔嗣曰〔註2〕：「夫彖者，何也？統論一卦之體，明其所由之主者也。夫眾不能治眾，治眾者至寡者也。夫動不能制動，制天下之動者，貞夫一者也。故眾之所以得咸存者，主必致之也；動之所以得咸運者，原必無二也。統之有宗，會之有元，繁而不亂，眾而不惑。六爻相錯，可舉一以明也；剛柔相乘，可立主以定也。是故雜物撰德，辯是與非，則非其中爻，莫之備矣！故自統而尋之，物雖眾，可以執一御也；由本以觀之，義雖博，可以一名舉也。處琁〔註3〕璣以觀大運，天地之動未足怪也；據會要以觀方來，六合輻輳未足多也。少者，多之所貴；寡者，眾之所宗。一卦五陽而一陰，則一陰為之主矣；五陰而一陽，則一陽為之主矣。夫陰之所求者陽也，陽之所求者陰也。陽苟一焉，五陰何得不同而歸之；陰苟隻焉，五陽何得不同而從之。故陰爻雖賤，而為一卦之主者，處其至少之地也。或有遺爻而舉二體者，卦體不由乎爻也。繁而不亂，變而不惑，約以存博，簡以濟眾，其唯彖乎！」

「夫爻者，何也？言乎變者也。變者何也？情偽之所為也。夫情偽之動，非數之所求也。形躁好靜，質柔愛剛，體與情反，質與願違。巧歷不能定其算數，聖明不能為之典要，法制所不能齊，度量所不能均也。為之乎豈在夫

〔註1〕「卷首」二字，康熙本無，據四庫本補。
〔註2〕見王弼《周易略例‧明象》。
〔註3〕「琁」，《周易略例》作「璿」。

大哉！陵三軍者，或懼於朝廷之議〔註4〕；暴威武者，或困於酒色之娛。近不必比，遠不必乖。同聲相應，高下不必均也；同氣相求，體質不必齊也。召雲者龍，命呂者律。故二女相違，而剛柔合體。隆墀永歎，遠壑必盈。投戈散地，則六親不能相保；同舟而濟，則吳越何患乎異心？故苟識其情，不憂乖遠；苟明其趣，不煩彊武。能說諸心，能研諸慮，曉而知其類，異而知其通，其唯明爻者乎！故有善邇而遠至，命宮而商應，脩下而高者降，與彼而取此者服矣。是故情偽相感，遠近相追，愛惡相攻，屈伸相推。非天下之至變，其孰能與於此哉！是故卦以存時，爻以示變。」〔註5〕

「夫卦者，時也；爻者，適時之變者也。時有否泰，故用有行藏。卦有小大，故辭有險易。一時之制，可反而用也；一時之吉，可反而凶也。故卦以反對，而爻亦皆變。是故用無常道，事無軌度，動靜屈伸，唯變所適。故名其卦，則吉凶從其類；存其時，則動靜應其用。尋名以觀其吉凶，舉時以觀其動靜，則一體之變，由斯見矣。夫應者，同志之象也；位者，爻所處之象也；承乘者，逆順之象也；遠近者，險易之象也；內外者，出處之象也；初上者，終始之象也。是故雖遠而可以動者，得其應也；雖險而可以處者，得其時也；弱而不懼於敵者，得所據也；憂而不懼於亂者，得所附也；柔而不憂於斷者，得所御也；雖後而敢為之先者，應其始也；物競而獨安靜者，要其終也。故觀變動者存乎應，察安危者存乎位，辯逆順者存乎承乘，明出處者存乎內外。遠近終始，各存其會。闢險尚遠，趣時貴近。《比》、《復》好先，《乾》、《壯》惡首，《明夷》務闇，《豐》尚光大。吉凶有時，不可犯也；動靜有適，不可過也。犯時之忌，罪不在大；失其所適，過不在深。動天下，滅君主，而不可危也；侮妻子，用顏色，而不可易也。故當其列貴賤之時，其位不可犯也；遇其憂悔吝之時，其介不可慢也。觀爻思變，變斯盡矣。」〔註6〕

「夫象者，出意者也；言者，明象者也。盡意莫若象，盡象莫若言。言主於象，故可尋言以觀象；象主於意，故可尋象以觀意。意以象盡，象以言著。故言者所以明象，得象而忘言；象者所以存意，得意而忘象。猶蹄者所以在兔，得兔而忘蹄；筌者所以在魚，得魚而忘筌也。然則，言者，象之蹄也；象者，意之筌也。是故存言者，非得象者也；存象者，非得意者也。象生於意而

〔註4〕「議」，《周易略例》作「儀」。
〔註5〕見王弼《周易略例・明爻通變》。
〔註6〕見王弼《周易略例・明卦適變通爻》。

存象焉，則所存者乃非其象也；言生於象而存言焉，則所存者乃非其言也。然則忘象者，乃得意者也；忘言者，乃得象者也。得意在忘象，得象在忘言。故立象以盡意，而象可忘也；重畫以盡情，而畫可忘也。觸類可為其象，合義可為其徵。義苟在健，何必馬乎？類苟在順，何必牛乎？爻苟合順，何必坤乃為牛？義苟應健，何必乾乃為馬？而或者定馬於乾，案文責卦，有馬無乾，則偽說滋漫，難盡紀矣。互體不足，遂及卦變；變又不足，推致五行。一失其原，巧噫〔註7〕彌甚。縱〔註8〕復或值，而義無所取。蓋存象忘意之由也。忘象以求其意，義斯見矣。」「愈」，《石經》作「噫」。〔註9〕

「案：《象》無初、上、得位、失位之文。又《繫辭》但論三、五、二、四同功異位，亦不及初、上。唯《乾》上九《文言》云「貴而無位」；《需》上六云「雖不當位」。若以上為陰位邪，則《需》上六不得云「不當位」也。若以上為陽位耶，則《乾》上九不得云「貴而無位」也。陰陽處之，皆云非位，而初亦不說當位失位也。然則初、上者，是事之終始，無陰陽定位也。故《乾》初謂之「潛」，過五謂之無位，未有處其位而云潛，上有位而云無者也。歷觀眾卦，盡亦如之。初、上無陰陽定位，亦以明矣。夫位者，列貴賤之地，待才用之宅也；爻者，守位分之任，應貴賤之序者也。位有尊卑，爻有陰陽。尊者，陽之所應；卑者，陰之所履也。故以尊為陽位，卑為陰位。去初、上而論位分，則三、五各在一卦之上，亦何得不謂之陽位？二、四各在一卦之下，亦何得不謂之陰位？初、上者，體之終始，事之先後也，故位無常分，事無常所，非可以陰陽定也。尊卑有常序，終始無常主，故《繫辭》但論四爻功位之通例，而不及初、上之定位也。然事不可無終始，卦不可無六爻，初、上雖無陰陽本位，是終始之地也。統而論之，爻之所處，則謂之位。卦以六爻為成，則不得不謂之「六位時成」也。」〔註10〕自輔嗣而後，諸儒議論不拘，人代隨經旨序次，故有一人而前後再見者。

程正叔曰〔註11〕：「萬物之生，負陰而抱陽，莫不有太極，莫不有兩儀。

〔註7〕「噫」，《周易略例》作「愈」。
〔註8〕「縱」，《周易略例》作「從」。
〔註9〕見王弼《周易略例·明象》。
〔註10〕見王弼《周易略例·辨位》。
〔註11〕文載宋·王霆震《古文集成前集》卷五、清·張能鱗《儒宗理要》二程子卷一，均錄此為程伊川文，題為《易序》。清·池生春《伊川先生年譜》卷六載二年己卯六十七歲，在涪序《周易傳》，稱：「正月庚申，《易傳》成而序之曰（下略）。」宋·章如愚《山堂考索》續集卷一《經籍門》錄此文，未注作

絪縕交感，變化不窮。形一受其生，神一發其智，情偽出焉，萬緒起焉。故《易》者，陰陽之道也；卦者，陰陽之物也；爻者，陰陽之動也。卦雖不同，所同者奇耦；爻雖不同，所同者九六。六十四卦為其體，三百八十四爻互為其用。遠在六合之外，近在一身之中，暫於瞬息，微於動靜，莫不有卦之象焉，莫不有爻之義焉。時固未始有一，而卦未始有定象；事固未始有窮，而爻亦未始有定位。以一時而索卦，則拘於無變，非《易》也。以一事而明爻，則窒而不通，非《易》也。知所謂卦、爻、彖、象之義，而不知有卦、爻、彖、象之用，亦非《易》也。故得之於精神之運、心術之動，與天地合德、日月合明、四時合序、鬼神合吉凶，然後謂之知《易》。雖然，《易》之有卦，《易》之已形者也；卦之有爻，卦之已見者也。已形已見者，可以言知；未形未見者，不可以名求。則所謂《易》者，果何如哉？學者所當知也。」

「天下許多道理，都散在六十四卦、三百八十四爻中。將作《易》看卻無意味，須作事看，方句句字字有用處。」〔註12〕

郝仲輿曰〔註13〕：「人生無時非屈伸往來之感，無處非悔吝休咎之幾。一念之精進即乾，一念之收斂即坤，一事之光明即陽，一事之昏邪即陰，操心制行，隨時處中，懼則思占，疑則思斷。聖人作《易》，體天道，明人事，捨此更無餘術。」

「後儒執卜筮作解，至以筮法老少為變，點畫重交為動。夫陰陽之有老少不見於經，爻畫之有重交不見於卦，皆後世卜祝筮史之說。而以解經，陋也。《易》者，變動而已。二篇之序，一正一倒，反覆周流；一卦之體，一剛一柔，變動不居。何者非變，奈何取重交當之？」

者。四庫本《二程集》載《易序》，注「見《性理群書》，已載《易傳》」；《禮序》，注「見《性理群書》」。檢宋・熊節《性理群書句解》卷五，載錄《春秋傳序》、《易傳序》，題下注「伊川先生」；《易序》，題下注「文公先生」；《禮序》，題下無注；《詩集傳序》，題下注「文公先生」。程頤《程氏易傳》卷首有《易傳序》，與此不同。《性理群書句解》所載《易序》、《禮序》又見伊川門人周行己《浮沚集》卷四，題為《易講義序》、《禮記講義序》。

〔註12〕《文獻通考》卷一百七十六《經籍考三》錄程子高弟尹公之語三則，其三曰：「《易傳》明白，無難看處。但此是先生以天下許多道理，散入六十四卦、三百八十四爻之中。將作《易》看，卻無意味，須將來作事看，即句句字字有用處耳。程先生《易傳》，義理精，字數足，無一毫欠缺，只是於本義不相合。《易》本是卜筮之書，程先生只說得一理。」故此則非程正叔語。

〔註13〕此處原為一段，今分為三節。第一、三節選自明・郝敬《談經》卷一《周易》，凡七十條，此為第三條；第二節選自郝敬《周易正解》卷十九《繫辭下》。

「夫禮可禦數，數不能違理，學《易》者但主《十翼》，《易》道自中天矣。」

鄭亨仲曰〔註14〕：「《易》自商瞿至漢、魏，不可勝計，大概象、義二者。李鼎祚專明象變，集三十餘家而不及義；王弼盡掃象變，不用古注，專以義訓。二者最不合。有象則有義，訓義不可遺象，隨時釋義，泛論道理，不復識古人畫卦命名之意，是猶終日論影，而不知形之所在，失之遠矣。」

毛伯玉曰〔註15〕：彖者，六爻之綱領。爻者，一卦之條目。「觀象論卦以定其名，因卦分爻以盡其變，此名與此卦相當，此辭與此爻，相得方可以窺羲、文、周、孔之意。」

蘇君禹曰〔註16〕：「象者，奇耦之畫，非『潛龍』、『見龍』之謂。六十四卦，無卦不變。三百八十四爻，無爻不變。非某爻自某卦來之謂，辭占一耳。就周公繫辭時，則『勿用』亦辭也。占而得之，則『潛龍』亦占也。」卓去病曰〔註17〕：「以《繫辭》『觀象玩辭，觀變玩占』二句言之，變即象，占即辭。變之為義，即本象以觀其變化也。占之為義，即本辭以驗其吉凶也。」

吳桂森曰〔註18〕：「八卦推蕩，有六十四樣大道理，聖人看得這道理真切，難以盡言，每卦定一卦名。命名雖一字，卦中義理無所不備。《彖辭》總髮明此一字，故夫子《彖傳》詳說卦名，把兩卦推蕩妙理細細分剖。每卦必先從上卦連下說一句，又從下卦連上說一句。如《蒙》則曰『山下有險』，《需》則曰『險在前』，皆就上卦說起也；《蒙》又曰『險而止』，《需》又曰『剛健而不陷』，從下卦說上也。把只兩象相合處看出往來之妙，爻位吉凶大段可以了了。」

卓去病曰〔註19〕：「一卦有一卦之體，隨其一時之事，道自相周。即卦有不善，而戒諭之指各有取義，拯救之法亦在隨時。故一卦之彖在本卦未有不

〔註14〕見鄭剛中《北山集》卷二十五《周易窺餘序》。

〔註15〕馮椅《厚齋易學》附錄二載《毛氏傳》，稱：「《易傳》十一卷，瀘川毛璞撰，字伯玉。嘗持潼川憲節。嘉泰元年《自序》：『始涉其流，稍出己見，參以諸家之長。讀之三十年，知先儒之說與前日所見皆未也。觀象按畫以定其名，因卦分爻以盡其變，此名與此卦相當，此詞與此爻相得，而因以得羲、文、孔子之心。』」毛璞《易傳》今不傳。知此處所引後半出其《自序》，前半出處不詳。

〔註16〕見蘇濬《生生篇》卷首《論易》。（《四庫全書存目叢書》經部第13冊，第8頁）

〔註17〕不詳。

〔註18〕見吳桂森《像象述金針題辭》。

〔註19〕不詳。

善者也，一卦之德在本卦未有不全者也。」周氏光德曰〔註20〕：「兩卦相值，此之性情多因彼遷，彼之性情多因此遷。如健者，《乾》之本性也。《訟》之《乾》為健訟，《需》之《乾》為堅忍。即一《乾》而餘可類推。又一卦所取之大意，必各爻俱相回顧，乃成一卦。」章本清曰〔註21〕：「《復》止陽復於初，餘皆陰爻也，而「休復」、「獨復」皆取陽復之義。即一《復》而餘可類推。由斯以觀，自一卦加於各卦而言，則卦以情遷，固隨各卦而見，是謂本同而末異；自各爻效此本象而言，則情由卦定，原無殊旨，是謂末異而本同。至於《履》卦，《象》曰「不咥人」，爻曰「咥人」，迥然不同，何也？蓋卦者，合會之全體；爻者，各言之一節。譬之為屋，一橡一栱，總眾材而成構，缺一不可，使其零散而不聚，則一橡不過數尺之枯條，一栱不過半方之木柿音肺。矣。譬之作羹，一酸一醎，和眾口而調旨，缺一不可，使專一而不和，則獨酸必至酢鼻，獨醎必難入口矣。」

吳桂森曰〔註22〕：「《象傳》之後繫以《大象》，《大象》上句正闡明因象命名之義，如八純卦曰天行，曰地勢，曰洊至，曰兩作，曰洊雷，曰兼山，曰隨風，曰麗澤，玩之有無窮意味。至於諸卦，或曰上有下有，或曰在上在下，俱非漫然落筆其，義全存兩卦一往一來之間。凡在內卦為來為主，在外卦為往為用，此《易》中往來大義。所重在內卦，先說內卦；所重在外卦，則先說外卦。一字推移，務尋分曉。若夫《訟》之云「違行」，《泰》、《否》之云交不交，《豫》之言奮，《剝》之言附，《无妄》之言物，與《大過》之言滅，《家人》之言自出，《豐》之言皆至，命名深意，寓於一兩字中。從此研求，《易》方有門可入也。」

蔡介夫曰〔註23〕：「周公之繫爻辭，或取爻德，或取爻位，又或取本卦之時位與本爻之時位，又或兼取應爻，又或兼取所承所乘之爻。有兼取乘應與時位兼全者，有僅兼其一二節者，又有一爻為眾爻之主者，則兼及眾爻。大概不出此數者。」

唐凝庵曰〔註24〕：「卦必有主爻。六爻之吉凶悔吝，視其與主爻之向背耳。

〔註20〕不詳。

〔註21〕不詳。

〔註22〕選自吳桂森《像象述金針題辭》。

〔註23〕見蔡清《易經蒙引》卷一上。

〔註24〕見唐鶴徵《周易象義》卷首《純白齋讀易法》第三則（《四庫全書存目叢書》經部第10冊，第236頁）

以三畫卦論，則《乾》、《坤》必取其中，六子則取《乾》、《坤》之所索者，此其成卦之主也。合之為六畫之卦，則有兩成卦之爻矣，又於其中擇一得位者為之主，他成卦之爻乃為之用。《乾》、《坤》、《坎》、《離》主在中爻，別無異議。《巽》、《兌》以陰成卦，其中爻雖非成卦之主，以其得中多取之。即《巽》之本卦，四得位矣，亦必《巽》中正之剛。《兌》則未有不以中爻者也。《艮》、《震》以陽成卦，多取成卦之爻間，亦取他爻，則多為用者也。兩成卦之爻，在相應之位，其卦易解。或遠或近，則其卦多費解矣。」

吳桂森曰〔註25〕：「六爻之義，《易》以貢，一卦一箇道理，而用處卻有六樣，皆因時位有相與相取之不同。所謂相與，則以兩卦一上一下言之。如《震》，動也，宜從初動，則在下卦為得情；《艮》，止也，宜止以極，則在上卦為得情；《坎》剛，宜出而在上，不欲其陷而在下；《離》明，宜反而照內，不欲其露而向外；《巽》柔善下，在下愈吉；《兌》柔善悅，悅於內則凶。以此觀相與，而得不得之情見矣。所謂相取，則以應爻與近爻言之。凡相應之爻，柔上剛下則成交，剛上柔下則不成交，以柔本下行，剛本上行也。凡相近之爻，剛上柔下則為順，柔上剛下則為逆，順則遠而相取，不順則近而不相取。以此觀所取，而得不得之情見矣。由此推求，乃知吉凶悔吝有箇天然之故，明其故則因不相得中，便知所以相得之道，此為觀爻之法。」

許平仲曰〔註26〕：「初，位之下，事之始也。以陽居之，才可有為矣，或恐其躁妄。以陰居之，不患其過越矣，或恐其懦弱。無應則嫌於弱，有應則或傷於躁。大抵柔弱則難濟，剛健則易行。上，事之終，時之極也，是故難之將出，則指其可由之方；事之既成，則示以可保之道。大抵積微而盛，過盛而衰，有不可變者，有不能不變者。」

卓去病曰〔註27〕：「卦之有爻也，以二、五為中。二、五者，卦之主也，而五尤全卦之主。位至於五，則一卦之義無所不統。仲輿所謂五為尊位，物之既成，事之既就，時之既至者也。三、四兩爻，上下之交關，全卦利害。天道逢節候必有風雨，地道遇疆界必有險隘，人事遇交接必生齟齬，草木遇移植必防損傷。可謂得其情矣。」

〔註25〕見吳桂森《像象述金針題辭》。
〔註26〕元‧許衡《讀易私言》。
〔註27〕不詳。

吳叔美曰〔註28〕：「大凡看上爻，要另一法。總有四樣：有進一步為義，有出一格為義，有反言以盡其變，有究言以詣其極。」

胡庭芳曰〔註29〕：「六爻取應與不應，夫子《象傳》例也。如《恒》象曰：「剛柔皆應」，此六爻以應言也。如《艮》象曰：「上下敵應」，不相與也。此六爻雖居相應之位，剛柔皆相敵而不相與，則是雖應亦不應矣。又如《未濟》六爻皆應，故曰：「雖不當位，剛柔應也。」以此例之，則六爻皆應者八卦，《泰》、《否》、《咸》、《恒》、《損》、《益》、《既》、《濟》、《未濟》是也；皆不應者亦八卦，《乾》、《坤》、《坎》、《離》、《震》、《巽》、《艮》、《兌》是也。二體所以相應者，初應四，四亦應初；二應五，五亦應二；三應上，上亦應三。然上下體雖相應，其實陽爻與陰爻應，陰爻與陽爻應。若皆陽皆陰，雖居相應之位，亦不應矣。江都李衡曰：「相應者，同氣之象，志同則合，是以相應。然事固多變，動在因時，故有以有應而得者，有以有應而失者，亦有以無應而吉者，以無應而凶者。《夬》九三以應小人而凶，《剝》六三以應君子而无咎，《咸》與《蒙》貴虛心受人，故《咸》六爻以有應失所，《蒙》六四以無應困吝，斯皆時事使然，不可執一論也。」又觀《彖辭》重在二、五，剛中而應者凡五卦，《師》、《臨》、《升》二以剛中應五，《无妄》、《萃》五以剛中應二。〔註30〕【至若《比》五以剛中，上下五陰應之；《大有》五以柔中，上下五剛應之；《小畜》四以柔得位，上下五剛亦應之；又不以六爻之應例論也。」

楊廷秀曰〔註31〕：「聖人見天下有至幽至賾之理，將與天下形其所無形，以見吾之所獨見，而不能為之辭也。於是取眾人之所同識，以喻吾之所獨識。不識仲尼，使見有若；不識伯喈，使見虎賁。蓋擬彼之形容，以象此之物宜而已。」

朱仲晦曰〔註32〕：「《易》之有象，其取之有所從，其推之有所用，非苟為寓言也。然兩漢諸儒必欲究其所從，則既滯泥而不通。王弼以來，直欲推其所用，則又疏略而無據。二者皆失之一偏，而不能闕其所疑之過也。且以

〔註28〕選自吳桂森《周易像象述》卷八《渙》上六象辭。
〔註29〕選自元·胡一桂《周易本義啟蒙翼傳》下篇《爻有應不應》。中引李衡之言，見李衡《周易義海撮要》卷十二《字例》。
〔註30〕以下至朱仲晦條「其不可通者終不可通」，四庫本注「原闕」。加【】以明起止。
〔註31〕宋·楊萬里《誠齋易傳》下經卷十七《繫辭上》。
〔註32〕見宋·朱熹《晦庵集》卷六十七《易說》。

一端論之，乾之為馬，坤之為牛，《說卦》有明文矣。馬之為健，牛之為順，在物有常理矣。至於案文責〔註33〕卦，若《屯》之有馬而無《乾》，《離》之有牛而無《坤》，《乾》之六龍則或疑於《震》，《坤》之牝馬則當反為《乾》，是皆有不可曉者。是以漢儒求之《說卦》而不得，則遂相與創為互體、變卦、五行、納甲、飛伏之法，參互以求，而幸其偶合。其說雖詳，然】其不可通者終不可通，其可通者又皆穿鑿，而非有自然之理。惟有有一二之適然而無待於巧說者，為若可信。然上無所關於義理之本原，下無所資於人事之訓戒，則又何必苦心竭力以求於此，而欲必得之哉！故王氏曰：『義苟應健，何必乾乃為馬；爻苟合順，何必坤乃為牛。』而程子亦曰：『理無形也，故假象以顯義。』此其所以破先儒膠固支離之失，而開後學玩辭玩占之方，至矣！然觀其意，又似直以《易》之取象無復有所自來，但如《詩》之比興，《孟子》之譬喻而已。如此，則是《說卦》之作，為無所與於《易》，而「近取諸身，遠取諸物」者，亦剩語矣。故疑其說亦若有未盡者，因竊論之。以為《易》之取象，必有所自來，而其為說，必載於太古〔註34〕之官。顧今不可復考，則姑闕之。而直據辭中之象，以求象中之意，使足以為訓戒而決吉凶。如王氏、程子與吾《本義》之云者，其亦可矣。固不必深求其象之所自來，然亦不可直謂假設而遽欲忘之也。」

焦弱侯曰〔註35〕：《易》但言「河出圖，洛出書」而已，未有龜龍之說也。東漢重圖讖，儒者爭言奇異，於是鄭、馬之流無不篤信。至劉牧又以九為圖，十為書，託言出於圖南。元人趙撝謙又為自然河圖，謂蔡元定得於蜀山隱者，朱子亦莫之見〔註36〕。其為詭秘，大率皆一類耳。《書·顧命》河圖與天球並列，當為玉石之類，如俞琰所言近之。若龍馬，則自伏羲至成康，歷千萬年，豈有尚存之理？或者據《繫辭》「河出圖，洛出書，聖人則之」數語為公案，則歸熙甫言之矣。其言曰：「聖人見轉蓬而造車，觀鳥跡而製字，世之人求為車之說與夫書之義則足矣，而必拘拘焉為轉蓬鳥跡之求，不亦愚乎！」〔註37〕

〔註33〕「責」，朱熹原文作「索」。

〔註34〕「古」，朱熹原文作「卜」。

〔註35〕不詳。

〔註36〕元·趙撝謙《六書本義·六書今義圖考》：「此圖世傳蔡元定得於蜀之隱者，祕而不傳，雖朱子亦莫之見，今得之陳伯敷氏。」

〔註37〕明·歸有光《震川先生集》卷一《易圖論後》。「不亦愚乎」，《震川先生集》原作「愚未見其然也」。

學者執圖書而謂聖人何以畫卦，何以序疇，無論穿鑿傅會。即一一合道，而遠無當於天下國家，近無補於身心性命，亦何用此為也。

張西農曰〔註38〕：「一卦一爻，一出一入，無非君臣、父子、夫婦、昆弟、朋友之分位，無非富貴、貧賤、患難之境遇，無非喜怒哀樂之節候。《孟子》云：『經正則庶民興。』捨子臣弟友無所為道，捨修齊治平無所為學，捨《詩》《書》《禮》《樂》無所為教，捨庸德庸言無所為不睹不聞、無聲無臭。自卜筮行，以四聖人之心寄之；方術傳義出，以一先生之言守之。學究譜傳而古操絕，一唱三歎之音亡矣。」

朱康流曰〔註39〕：「吾讀《易》二十餘年，而知四聖人之作《易》，皆相遇於其天也。瞥然而得之，若不思而得也。沛然而出之，若不慮而出也。無門無蹊，不相襲跡。有原有委，不相悖義。如先天、後天之同符也，順數、逆數之共貫也。此其變而未常變也。推之以至於《序卦》之次《屯》、《蒙》，《雜卦》之次《比》《師》，一若整，一若亂，而莫不有大義存焉。《乾》之健為馬，而又為龍也；《坤》之順為牛，而又為牝馬也，此其變而未常變也。推之以至於《鼎》之為鼎，《頤》之為頤，《小過》之為飛鳥，《噬嗑》之為頤中有物，一若莊，一若戲，而莫不有微義存焉。此豈非天懷所發，純任自然，觸緒橫生，無往非道者乎？後之學者，極思以研之而不得其所不思，殫慮以精之而不得其所不慮，則支離膠固而不可以語《易》也。然未嘗竭思殫慮而務其所不思不慮者，則二氏虛無之教，非聖人之教也，又何足以語《易》！」

「夫變者，象也；未常變者，太極也。時惟適變，道必會通，不察其適變則微彰柔剛，有拘墟之患矣；不觀其會通則屈伸往來，有臨岐之泣矣。故《履》之六三，於象不咥，於爻則咥；《同人》六二，於象則亨，於爻則吝。若此之類亦夥矣。此其所以異者，皆在乎卦爻分合之間。知其所以異，則知其所以同也。至於一爻之辭，而此以為善，彼以為否，如《小畜》六四之於九三；此以為否，彼以為善，如《隨》六二之於九五。若此之類亦又夥矣。此其得失存

〔註38〕出處不詳。清·厲鶚《東城雜記》卷上《張隱君卿子》：「張隱君遂辰，字卿子，一字相期，號西農。著有《白下》《湖上》《蓬宅》《衰晚》四編。」清·丁丙《善本書室藏書志》卷三十七著錄西農張遂辰相期《湖上編》《白下編》《蓬宅編》《衰晚編》四卷，稱：「遂辰，又號卿子，本家江西，隨父徙杭州，稱西農。志不忘也。高懷遯跡似嚴君平、鄭子真一流，而文藻勝之。」其所著《射易淡詠》未見此語。
〔註39〕兩則均見朱朝瑛《讀易略記·自序》。（《四庫全書存目叢書》經部第24冊，第717～718頁）

於參錯之中，嫩惡辨於芒忽之際，固非爻象之不可常，而直為此憧憧也。求諸物而格之，反諸身而體之，究其大要，不越乎知幾精義而已。『知至至之，知終終之』，而微彰柔剛屈伸往來之故，殊塗同歸，天下復何思何慮哉！」西農，名遂辰，錢塘人。康流，名朝瑛，同邑人。予所質疑者，故為諸賢之殿。

右諸儒《易》論

《易》乃易簡之學，寡過之書，須心體易直，氣質和平，不可妄生意見，好立異同，故與先儒枘鑿，亦不必株守成說。尊儒而疑聖，舉一而廢百，將聖賢道理、自己聰明無端埋沒。讀者整襟危坐，先看卦畫，次解卦名，次據《翼傳》而繹象、爻之辭。卦名是一卦時勢，彖則統言時勢之道，爻則值此時勢之人，辭則分言處時勢之事。一卦六爻，異苔同岑，如家之有主伯亞旅，藥之有君臣佐使，分有尊卑，情有親疏，品有賢不肖，而又有得時不得時之辨。故卦各有成卦之主，諸爻之吉凶悔吝皆視為趨避，然亦有權不在主爻而別有所屬者，則皆時為之也。須於六爻中理清線索，貴賤親疏位置得所，恩怨報施聯屬有情，微彰柔剛處分得宜。合而觀之，如五弦之琴，清濁高下，無不中律；如常山之蛇，擊首尾應，擊尾首應，擊其中首尾皆應；斯得之矣。讀《易》有簡要之法，只是反諸心而安，揆諸理而當，質諸聖言而無大乖謬，令讀者憬然省悟，有冷水澆背之意，便可從孔子而悟文、周，從文、周而窺皇象。晦庵云：「今之譚經者有四病：本卑也，而抗之使高；本淺也，而鑿之使深；本近也，而推之使遠，本明也，而必使至於晦。」〔註40〕去此四病，方可從事於《易》。

羲皇仰觀俯察，遠求近取，見得天地人物不過是這些子，信手作剛柔二畫，此道理文字之祖。機緘一泄，歇手不得，摩而為八，蕩而為六十四，俄頃告成，決非擬議揣摹。今日畫一卦，明日畫一卦，但既落形象，動手之時，必有先後。如《繫辭》所云生儀生象，及一索再索等，此八卦成列之序，無可疑者也。然究極論之，所云相生相索者，亦是聖人沉酣《易》學，看出許多妙理。伏羲畫卦時，何曾有是擬議哉？康節乾一兌二十六字，依倣兩儀生四象而為次序方圓之圖，縱橫錯綜，總不離此十六字妙極，自然是《易》中一家之學。然《繫辭》曰「因而重之」，又曰「八卦相蕩「、」八卦相錯」，則是八卦之上各加八卦，何嘗有根榦枝葉逐節相生，如八卦生十六、十六生三十二之說。且父母男女少長失其倫序，亦有可議者。先儒云兩儀之為八卦，可得而

〔註40〕見宋·黎靖德《朱子語類》卷第十一《學五·讀書法下》。

知也；八卦之為六十四卦，不可得而知也。故康節四圖直以為康節則可，以為伏羲則誣矣。友人汪惕若因重圖說如左。惕若，名學聖，休寧人，精於圖學，今僅載其一。

說曰：重卦之法，先從剛柔立本，而後相盪之妙惟變所適，故作《因重圖》。圖法遵聖辭。因之一字起義，而所因者不離成列之卦。蓋成列之八卦始終不易，但各以八卦循下，而上乘之以生，故謂之因而重也。其法乾與坤先兩相重，乾則先三男而後三女，然後以本卦自重；坤則先三女而後三男，然後以本卦自重。至六子之卦，陰卦先與陽卦重，陽卦先與陰卦重，而後各以本卦自重。乾父坤母居中，各率其男女，左右分列，成六十四卦。陰陽並對，一絲不亂。

因重之圖

伏羲畫卦，文王繫《彖》，周公繫《爻》，孔子作《十翼》，諸儒辨駁考訂，已有定論，不必更立異同。《彖》、《爻》與《翼傳》，原各自成書。以《傳》與《文言》附《彖》、《爻》之後，始於費、鄭，繼以王、韓，用便觀玩，例同《左傳》之附於經。宋儒沾沾以不復古《易》為恨，不知《易》之晦明存亡全不在此。若論古《易》，則六十四卦亦當別為一書，不當列於《彖辭》之前矣。至卦名定自羲皇，此無可疑者。而或者謂蝌篆鳥書皆畫卦後事，則卦名似非羲皇所定。不知太古無文字而有語言，卦畫既成，必有名號。☰即稱為乾，☷即稱為坤。如未有天字而呼蒼蒼者為天，未有地字而呼茫茫者為地，亦理之必然者。自文王繫辭，遂以乾坤為卦名，不以☰☷為卦名，而畫與名判為二矣。

《易》曰：「聖人之情見乎辭。」《易》自六畫而外，卦名即辭也。羲皇卦畫，非文王《彖辭》則竟同符術；文、周《彖、爻辭》，非夫子二傳則有如謎語。自羲皇迄今數千年，《易》學不至晦暝者，賴有辭在耳。即如延壽卦氣之說，不過依附「萬物出乎震」一章；堯夫乾一兌二之學，亦根據「兩儀生四象」數語。辭之功大矣哉！今欲捨辭而求象，捨孔子而求文、周，捨文、周而求羲《易》，猶問祖尋宗不從其子孫追遡，而茫茫焉向黃茅白草冢中枯骨，亦何從別其真偽哉！程正叔曰：「得於辭而不達其意者有矣，未有不達於辭而能通其意者也。」〔註41〕圖南謂：「學《易者》當於羲皇心地尋求，無於周、孔腳跡下盤旋。」〔註42〕敬夫則謂：「學《易》者須於周、孔腳跡下尋求，然後羲皇心地可得而識。」〔註43〕故予學《易》，一以《辭》為據，斯亦下學上達之一端也。

《易》之有《翼》，猶堂奧之有戶牖，道路之有指南。學者一一以夫子之言為宗領，方有依據。夫子所不言者，不必深求，蓋夫子《十翼》韋斷摘折，天人之祕已無不盡。後儒一知半見，非無所得，然愈說愈支，於身心無補，是添足之蛇，非點睛之龍也。

《彖》、《爻》二傳，夫子手筆。而題之以「彖曰」、「《象》曰」者，蓋表傳之不自己作，而述文、周之意也。程、朱注《易》，豫取二傳之義，分疏於《彖》、《爻》之下，似不必問津漁父，而自識桃源門徑者。作而不述，失後學

〔註41〕見程頤《程氏易傳序》。
〔註42〕見宋‧陳摶《河洛真數》起例卷上。
〔註43〕見陳摶《河洛真數》起例卷上。

之誼矣。今以一切訓詁，悉附二傳之後，《彖》、《爻》下不著一注腳，庶乎循流遡源。夫子釋文、周之意，文、周釋羲皇之意，先後一揆，千萬世無二《易》也。

《大象》乃夫子特創，文王、周公所未言，與卦、爻辭有絕不相涉者。《彖》自《彖》，《象》自《象》，朱取以釋《彖辭》，非也。六十四卦皆著一「以」字，以者，用也，學《易》之階梯，下學上達之根領也。郝仲輿曰：「八卦始畫，取象天地五氣。自夫子作《大象》，而後知八卦之用，不遠於人，學《易》者始識指歸矣。」〔註44〕

文王《彖辭》連卦名共七百二十字，簡質高古，夫子以德體象變為案，逐字詮解，周至詳悉。學者因辭觀象，以象玩辭，如水乳符節之合，令人有心爽神怡，手舞足蹈之趣。周公爻辭離奇險怪，古今創格，夫子作傳，絕不於取象處下一注腳，斷章摘句，一一歸之於理。或提掇其要，或推原其故，或疏解其義，或申明言外之意，或發為不平之感，或聊寄調笑之詞，離奇險怪，悉就平淡，所謂「易簡而理得」也。微夫子，則爻辭竟不知何語矣。

虞庭十六字，《中庸》一書言中不言正，《大學》言正不言中，夫子《翼傳》諄諄以中正立論。中正即易簡，《易》之樞紐也。天下道理至中正而盡，吾輩學問至中正而極，故《易》借位之中表中，借位之正表正，中正而《易》之能事畢矣。中正亦不必深求。昔桓溫伐蜀，遇一老校，久侍武侯，溫問武侯治蜀有何奇特，校對並無奇特，只是事無大小，處置停當耳。《易》之為道，呼吸之際，治亂安危所繫，但處置停當，便泰然無事。中正者，停當之謂也。冒險犯難，行所當行，不失為中正。中正不在事蹟，規畫須從心源理會。武侯云：「寧靜以致遠，澹泊以明志。」

《易》以剛居剛、柔居柔為當位，剛居柔、柔居剛為不當位，經有明文，此是定論。然言不當者二十有一，都在三四兩爻，蓋此二爻為卦中用事之人，又改革之際也。初上非用事之地，宜不言位矣。五為一卦之主，二居下卦之中，與五相應，是二亦主持世界者，而竟不言當不當，豈《繫辭》謂其遠而柔中，不必以當不當論耶？大抵一卦有一卦之大意，一爻有一爻之本旨，爻與卦相宜，即謂之當；爻與卦不相宜，即謂之不當。聖人不過借爻位標一影像，全要在時宜。觀玩若執一以求，則就《易》之中比類而觀，都有拘執不通者矣。

〔註44〕見郝敬《周易正解》卷一《乾・大象》。

六爻之情，在於乘承比應，《繫辭》謂「遠近相取，愛惡相攻，情偽相感，近而不相得」，俱在四字中尋討。然事固多端，動在因時，有以乘承比應而得者，有以乘承比應而失者。琥珀不吸腐草，磁石不引曲針，總看本卦本爻時勢若何，道理若何，氣類若何。輔嗣云：「感不以義，雖邇不可懷；應必以理，雖遠不可棄。」斯言盡之矣。

《易》者，變也。言變莫備於《繫辭》，其綱領之言，無過「剛柔相推」及「變動不居，周流六虛」等語。蓋羲皇畫卦，相摩相盪，自《乾》、《坤》而《未濟》，三百八十四爻，一爻有一爻之時勢，一爻有一爻之義理，乘除流轉，移步換形，此變之大都〔註45〕也。程、蘇謂「《乾》、《坤》變而為六子，六子變而為六十四卦，卦中剛柔皆由《乾》、《坤》之變而來」，此變之本原也。至於聖人所不言，而寓至理深意者，莫妙於《序卦》之反對，蓋即此奇耦六畫，一上一下、一正一倒之間，造化消息，人事淑慝，莫不露其端倪，令人有憬然會心之處。此變之最大者。然聖人止就本卦發明道理，個中消息絕不說破，所謂引而不發，欲人深思而自得之也。若夫本卦往來，如《賁》之「柔來文剛」，《隨》之「剛來下柔」，此聖人觀玩時，尋討出種種妙理，各就其親切者拈出，以發揮卦義。至於成卦之後，簡帙之上，謂此爻從某卦來，此爻從某卦去，如《易林》所云「一陰一陽之卦自《姤》、《復》而來，五陰五陽之卦，自《夬》、《剝》而來」，此焦氏占察之術。晦庵祖其說，衍之為圖。金汝白謂「五陰五陽之卦即一陰一陽之卦也〔註46〕。既自《姤》、《復》來，又自《夬》、《剝》來，可乎？」蓋變者，變也。一闔一闢謂之變，聖人亦不知其所以然。若拘定某爻自某卦來，則刻舟守株，毫無靈動，尚可謂之變乎？晦庵雖列圖於簡端，而謂此《易》中一義，非畫卦作《易》之本旨；又謂伏羲畫卦，六十四卦一時俱有，雖《乾》、《坤》亦無生諸卦之理。若如文王、孔子之說，則縱橫曲直，反覆相生，斯言得其旨矣。

《易筌》載王拱東《論卦變》〔註47〕，謂《彖傳》剛柔上下來往等語俱是卦體，絕無卦變之說，則又杜撰不足信。蓋爻畫之上下，猶人身之來往，止此一人之身，止此一爻之畫，來此則彼無，往彼則此無，所以謂之變。今拱東

〔註45〕「都」，疑是「者」之誤。
〔註46〕見明‧金賁亨《學易記》卷一《論卷首九圖‧卦變圖》。
〔註47〕清‧袁棟《書隱叢說》卷十九《卦變》載：「及閱《經義考》引揚慎言王拱東著《周易翫辭》一書之論卦變，心始釋然，其言曰（下略）。」《易筌》未載王拱東之說。

謂《訟》「剛來得中」，是「上體乾剛來得坎體之中」，則上體九五之剛，仍確然不動也，可謂之來乎？若謂之來，是又有一剛也。謂《噬嗑》「柔得中上行」，「以震二體之柔上行離體之五」，則下體六二之柔，固隤然靜處也，可謂之上行乎？若謂之上行，是又有一柔也。《隨》、《賁》等卦俱循此例此，皆理之難通者，不足信也。

　　《左傳》：「周史以《周易》見陳侯，陳侯使筮之，遇《觀》之《否》」〔註48〕，謂《觀》之六四變而為《否》也。杜《注》：《否》「自二至四有艮象」，此互體之說所由起。後人因仍其說，不知互體乃卜筮家一隅之見，以之射覆亦有偶中。羲皇六畫成卦，六位成章，何嘗有去其初、上，割裂分配於卦中求卦、卦外生卦，支離繾擾，以《易》為遊戲者乎？最誕妄者，援引《繫辭》二與五、三與四之語以為證據。夫此章首言六爻，次言初、上，次言中爻。中爻謂中四爻也，故曰：「雜物撰德，辯是與非，非中爻不備。」謂初、上所不言者，中四爻備言之也。二與四、三與五乃總論中四爻功位，何嘗謂二三四為一卦，三四五為一卦，如世儒所云者？聖人作《易》，闡先聖之微言，開後賢之覺路，豈有於正卦不置一語，而於互體娓娓不厭者？若據世儒所言，是時物乃十爻相雜，不得言六爻矣。窮經將以尊經，借經語以文飾其異說，有是理乎？大抵讀《易》之人，聖人所諄諄告戒者，不潛心體認；所不言者，鑿空揣摩，以張皇其幽渺，此學者大病，不可不辭而闢之也。

　　伏羲畫卦，未有文字，即有卜筮，不知如何測驗？《左傳》筮詞，若執券取償，其非誕妄可知。然南蒯、穆姜皆得吉占，而卒以敗亡，則吉凶悔吝存乎其人，於區區龜策無與也。京房、郭璞技擅千古，身受奇禍。禍福固君子所不論，亦足見推測之無用矣。北山黃公善醫，先寢食而後針藥；汾陰侯生善筮，先人事而後天道。平時不能居安樂玩，利害當前，滿腔人慾，皇皇焉抱枯莖而問路，神其許之乎？布蓍之法，僅見《繫辭》；老少重交，不載經傳。古之占者，各有繇辭，其法掌於太卜，今湮沒不傳，而徒據《象》、《爻》成論，窺測來物，以事合辭，以辭斷事，勉強傅會，徒滋眩惑。嗟乎！學《易》而亡國者，張禹也；學《易》而殺身者，京房也。學者宜何從乎？為仁不卜。臨義不問。無天無神。惟道是信、所謂卜筮如是已矣，焦、京、管、郭無所用之矣。筮法有以卦名占者，有以卦字占者，有以卦氣占者，有以卦體、卦象占者，有以卦爻辭占者，有以世應納甲占者。

〔註48〕見《左傳·莊公二十二年》。

　　古之治經者，各自成家，祖禰相承，守其說而不變。夫於一經之中，分立戶牖，似非通論。然《象辭》變占，《繫辭》久分四科，蓋一的而眾射之，必有一中。正以示大道之公，非開聚訟之門也。《易》自商瞿子木而下，遞有師承，秦人焚經而《易》以卜筮獨傳，丁、孟、京、田、荀、劉、馬、鄭，丁寬、孟祖、孟喜、京房、田王孫、荀爽、劉向、馬融、鄭玄。訰訰紜紜，分疆立幟，要不出象辭變占四種，不流於技術則泥於訓詁，而《易》道微矣。王輔嗣出，而悉掃象數，歸諸義理。仲達奉天子之命，為之疏解，而諸說退舍。傳至有宋，程氏首為祖述，晦庵諸賢互相闡繹，於是讀《易》者知《易》之為書，不離人事，句句字字，皆有實用。數千年暝晦，披雲見日，輔嗣為之倡也。或者據范甯一語，呶呶訾詈，非徒禮海忘河，抑且操戈入室。讀《易》之人心地，不宜若此。

　　《記》曰：「潔靜精微，《易》之教也。」羲皇畫卦，時屬太古，險阻未遇，幾變未生，止以一奇一耦，寫天地人物之蘊。奇耦立而變化生，相摩相蕩，勢不容已。人情物變，森然具矣。三聖生於多故之世，身受艱難，目擊困苦，於是以憂患之意，危平易傾之旨，一一託之於《易》，而《易》悉歸諸人道。其事則君臣父子之間，其理則消息盈虛之際，以戒慎恐懼為工夫，以通權達變為作用，大而治亂興亡，小而語默動靜，凡所以趨吉避凶、盡性至命者，無一不極深研幾，而《易》之為道，須臾離之不得矣。昔長源問道懶瓚，答以焚棄筆研。康節亦曰：「二十年絕意仕宦，方可學《易》。」吾輩利欲薰染，已非旦夕，腸胃之間，不潔不靜，不精不微，而欲以管蠡之見，窺測四聖。夫以管窺天，猶是天也；以蠡測海，猶是海也。今不知天在何處，海在何處，並不知管蠡在何處，適冥山而望郢，其可得乎？孔子服菖蒲葅，三年乃知其味。學者有志於《易》，以《十翼》為牆壁，用元凱讀《左傳》之法，原其來歷，極其歸趣，因而上窺文、周，遠遡皇象，庶幾有得。不則，《乾》、《坤》、《文言》、《上下繫》、十九爻，布帛菽粟之文，體味涵泳，可希寡過。又不則，《詩》、《禮》、《語》、《孟》諸書，無句非卦，無字非爻。何必冥觀河洛，乞靈龜策，捨昭昭而求冥冥哉？《孟子》七篇，絕口不言《易》，論時中而歸之智巧，得《易》之祕密者，《孟子》獨也，學者其知之乎？

　　《易》者，象也；象也者，像也。《易》之為書，借指標月，非徒辭中乾龍坤馬之類，為形容物宜。即其命名，如易、卦、彖、爻、象五字，皆借物以

喻。洪景盧曰：「易者，蠦蠪之名，守宮是矣。」守宮即蜥蜴，蜥蜴即蠑蜒，蓋一物四名也。與龍通氣，故可禱雨；與虹同形，故能嘔霍。身色無恒，日十二變，是則《易》者取其變也。詹東園曰：「卦從圭從卜，古者造律制量，以六十四黍為一圭土。圭以辨天地之吉凶，易卦以卜國家之吉凶也。」孔仲達曰：「卦者，掛也，懸掛物象以示於人，故謂之卦。」《木經》曰：「爻者，交疏之窗，今之象眼窗。一窗之孔六十四，六窗之孔凡三百八十四也。所取於爻者，義取旁通；所取於卦者，懸物有小大也。」楊用修曰：「象即毛犀，狀如犀而角小，善知吉凶。交、廣之人呼為狶神。」是象者取於幾也。象出南方大荒之野。陳藏器云：「象具十二生肖，肉各有分段，惟鼻是其本肉。」〔註49〕徐鉉云：「象膽隨四時，春在左前足，夏在右前足，秋後左足，冬後右足。」〔註50〕是象備天地萬物之氣也。陸農師曰：「象食物以鼻取之。象以鼻致用而不以口，天以氣致用而不以言。」〔註51〕《繫辭》曰：「形而上者謂之道，形而下者謂之器。」以上諸說，不知果有合於道器否？

　　《易》學至宋而愈明。邵傳羲畫，程演周辭，於是尚占者祖康節，則以義理為虛文；尚辭者祖伊川，則以象數為末技。而邵、程之學，分為兩家。延及末俗，象數供蒙瞍謀食之資，義理為寒士干祿之具，經學淪亡，門牆頹敗，於斯極矣。

　　予以幽憂之疾，沉冥易學者二十餘年，凡六七脫稿，皆呻吟反側中語。章句腐儒，秖求自慊，原無象外繫表之思，豈有通邑大都之志，知其不足當有無也。家在漸江之漘，煮海為業，牢盆數片，倚牆壁間者垂百年。去歲丙午，賈豎以百金相貿，非望之獲，兒輩縱臾，爰付梓人，作此誕妄之事，蓋攻苦有年，未免懷顧影徘徊之意，是亦凡心之未盡也。書成藏諸家塾，以俟後人。東坡謂「子雲以艱深之詞，文淺陋之意」，今以淺陋之辭，發艱深之意，寧敢妄踞皋比。或愚者一得，有數行數語闡幽抉微，不悖經旨，亦可謬附醫翁篾叟之末。若其臆見妄語獲罪聖賢，亦令天下後世引繩批根，是正其誤，斯所望於罪我者。時年七十有九，伏枕口占於延恩院之待軒，蓋康熙六年九月九日也。〔註52〕

〔註49〕見明・李時珍《本草綱目》卷五十一上《象》。

〔註50〕見李時珍《本草綱目》卷五十一上《象》。

〔註51〕見宋・陸佃《埤雅》卷四《釋獸・象》。

〔註52〕「蓋康熙六年九月九日也」，四庫本作「蓋歲在疆圉洽協之九日也」。

右《困學私記》

附識

一、鄭樵《通志》謂蔡邕《三體石經》已不可考，今經中字畫俱傚歐陽詢。《石經》本中有一二與《本義》異同者，疏釋於本字下，以守同文之義。記內字繁，不及考。

一、《易》原有韻之言。魏了翁論《易》，以經、傳皆韻。魏晉間有為《易音》者，於《易》學無大關係，故不載。

一、諸儒議論，隨經旨敘次，不以人代為先後。

一、詮解有不出一手，係彙集裁剪而成者，不載姓氏，失考者亦不載。

一、管窺之見，注以私記，不敢溷於諸賢。

附尺牘一二

與陸與偕〔註53〕

屠龍之技成而無用，不龜手之藥或以封。弟《易記》〔註54〕不知於二者何屬？大抵古人著書，止抒胸中所得。至於毀譽，付諸後人。如申、韓、莊、列，一則汪洋自恣，一則刻深次〔註55〕骨，各自成家，絕盡模稜，故能與六經並垂。假使有一毫毀譽掛其胸次，豈能自成一家，若此痛快哉？弟之

〔註53〕《張待軒先生遺集》卷七另有一通《與陸與偕》，亦為談《易》，錄之以備參考。
三十年前，抱易質疑，囿於隅見，不能深窺堂奧。已後汩沒制義者，又復二十年。四聖之書，竟束高閣。前侍左右，津津談《易》，兼以藏書見擲，藹然有成就。弟學之意，歸來端坐而讀，微有窺測。竊謂一卦自成一卦世界，一爻自成一爻人品。就卦爻必有主張綱領之人，而後遠近愛惡相攻相取，吉凶悔吝因之而生。於此無得，茫無頭緒，何繇測聖人之情耶？且六十四卦，伏羲天機泄發，俄頃而成，非今日畫一卦，明日又畫一卦也。柔來剛來，總自乾坤來耳。今卦變之說謂此爻從某卦來，則止於此爻可移，將謂彼爻固動矣。此卦有此一爻，彼卦將缺此一爻矣。有是理乎？又互卦見於《左傳》，其從來最古。然孔子《繫辭》所以談《易》者備矣，絕無此論，則《左氏》之說非孔子本旨也。《記》曰：「潔淨精微，易教也。」又曰：「易簡而天下之理得。」今談易者，支離纏繞。孔子所不談者，強為穿鑿。此豈「易簡」之學、「潔淨精微」之旨耶？前所賜書，先輩手筆各有窺見，俱留案頭，雖中多割裂，然斷簡殘編，時有弋獲，猶愈於己也。
〔註54〕「易記」《張待軒先生遺集》卷七作「之德」。
〔註55〕「次」《張待軒先生遺集》卷七作「刺」。

於《易》，實自吾兄啟迪。滄桑之後，復贈以〔註56〕讀殘舊本，勉之〔註57〕學《易》。十餘年來，不敢負教。曉風夜雨，惟以《易》為事。彙集群言，附以臆見，勒成一書。先以數卦請教章句腐學，不合時宜。他日論定〔註58〕，或災梨棗。求知身後宇宙內〔註59〕，當有兩種人肯讀此書。一者金馬玉堂之上〔註60〕，致政歸林，留心《易》學；一者短簷破屋之下，老生宿儒，皓首窮經。此二種人，流覽之餘，當有點頭會心之處。此外秖供覆瓿，弟亦任之而已，豈能執塗〔註61〕人而語之六十四卦、三百八十四爻也。

與朱康流

旦暮之八，皇皇讀《易》，惟恐不得竣事。而近來身無病，宗無事，莊誦數周，部署成帙，知無當於經旨。然憂愁困苦之際，竭蹷丹鉛，庶不為飽食終日之人而已。至於晦昧凝滯，日用之間，毫不得力。今之讀《易》者，猶昔之讀《易》者也。搜厥病根，止緣讀上大人時，差了念頭，子午一移，遂至萬里。故弟謂《易》不必讀，只於《語》、《孟》、《孝經》體認一二字足矣。《易》之外，惟《春秋》為聖人特筆，游、夏不能贊一詞，孟子約略言之。至於《易》，則絕口不言。然謂孟子不知《易》，固不可也。《易》與《春秋》相為體用，我翁於《易》既有解悟，《春秋》又復脫稿，以《易》讀《春秋》，以《春秋》讀《易》，此豈訓詁家所能闖其堂奧哉？翁謂閉戶讀經，以當五獄之遊。五獄之在大地，各自作鎮，至於血脈，自相流通，雖隔越數千里，猶同堂共室也。何日襆被就教，庶不負一番氣誼。不則，猶然世人酬酢耳，安在其為益友哉？

與卓有枚

去歲蒲月，尚力齊尊先生書，奉完鄴架，嗣後每遇滯義，輒欲繙閱決疑。難以再懇，但有憤排而已。不揣固陋，妄為纂述，非敢有所揀擇也。譬如入五都之市，萬寶雜陳，各隨所欲，滿願而止。明月、夜光，所遺多矣。《易》自

〔註56〕「以」，《張待軒先生遺集》卷七作「我」。
〔註57〕「之」，《張待軒先生遺集》卷七作「以」。
〔註58〕此四字，《張待軒先生遺集》，卷七無。
〔註59〕「內」，《張待軒先生遺集》卷七無。
〔註60〕「之上」，《張待軒先生遺集》無。
〔註61〕此處，《張待軒先生遺集》，卷七有「之」字。

商瞿子木而後，紛紛紜紜，未有定論。至輔嗣而一歸義理。有宋諸儒，遞為祖述。《易》學至此，如日月中天，人人可出險阻，事事可遊康莊。每見譚經家好為高遠，心竊非之。昔摯虞論文云：「假象太過，則與類相遠；逸詞過壯，則與事相違；辯言過理，則與義相失；麗靡過美，則與情相悖。」夫詩文之道，以富麗為工，馳逞為趣，作者猶斤斤不敢失尺寸。《易》之為書，易簡為宗，親切指示，無過「懼以終始，其要无咎」之語，所以變多端，不可擬議，而出入以度，無容踰越。如陰陽寒暑，潛移密運，不能窺其端倪。然氣候所至，刻日限時，無黍縷或爽。曲成萬物，妙用在此。學者但知其變化，而不能守其繩尺，何怪乎穿穴傅會，失於賊而莫之悟也。

與張西農

我翁《易詠》古奧幽深，楊子雲之流亞也。囂囂大地，定有知者弟訓詁之學。三家村中蒙師，齒頰不自揣量，致煩鐵筆。陽明先生云：「使吾學而非也，吾無望於人知也。使吾學而是也，吾安得不望人知也？既自信其是矣，又惓惓於知不知之間，先生此言亦可念也。」

乾卦鄭康成本 四聖之易，原各自成書，康成合而為一，以《彖辭》附卦，以爻辭附

《彖》，以《彖傳》、《象傳》列於其後。今本義乾卦是也。輔嗣止存康成所次乾卦，自坤以後，則以《彖辭》附《彖》，以《大象》附《象傳》，以六爻附乾、坤之末。原其本意，不過謂以傳釋經，宜相附近，使學者尋省易了，非有分門別戶，離經叛道之事也。故程、朱倡明《易》學，遵守不變，自宋至今，更無異同。今予於乾卦即遵輔嗣，坤卦之例以便解詁而仍列康成本於簡端蓋禮從其朔庶幾守先正之義云爾。

☰乾下乾上

乾：元，亨，利，貞。

初九：潛龍勿用。

九二：見龍在田，利見大人。

九三：君子終日乾乾，夕惕若，厲，无咎。

九四：或躍在淵，无咎。

九五：飛龍在天，利見大人。

上九：亢龍，有悔。

用九：見群龍無首，吉。

《彖》曰：大哉乾元！萬物資始，乃統天。雲行雨施，品物流形。大明終始，六位時成，時乘六龍以御天。乾道變化，各正性命，保合太和，乃利貞。首出庶物，萬國咸寧。

《象》曰：天行健，君子以自強不息。

「潛龍勿用」，陽在下也；「見龍在田」，德施普也；「終日乾乾」，反復道也；「或躍在淵」，進无咎也；「飛龍在天」，大人造也；「亢龍有悔」，盈不可久也；用九，天德不可為首也。

康成本《文言》在《繫辭》之前，自為一書，不附於《乾坤》爻後，故此亦不載。

《周易玩辭困學記》卷一

周易上篇

周，代名，言周以別於夏、商。易，從日從月。《莊子》曰：「《易》以道陰陽。」《繫辭》曰：「陰陽之義配日月」。變易、交易之理悉舉之矣。

乾䷀乾下乾上

乾，元亨利貞。《說文》：乾，上出也，從乙。乙，物之達也。從𠦎，有光明意。意兼聲。

《彖》曰：大哉乾元，萬物資始，乃統天。雲行雨施，品物流形。大明終始，六位時成，時乘六龍以御天。乾道變化，各正性命，保合大和，乃利貞。首出庶物，萬國咸寧。《字書云》曰：上闕象人開口而氣出也。成從戊，丁聲。御從卸，俗從卸，誤。變從攴，攴作攵，俗作夊，誤。《說文》：庶從苂。《石經》從㢭。○吳幼清以「乾道變化」四句在「品物流形」下，「首出庶物」二句在「御天」下。

潘去華曰〔註1〕：「凡彖以易象與天道雜言，見易之所象皆天道也；以人事終之者，見易以天道，言人事也。此六十四卦之例。」

奇是羲皇第一畫，乾是羲皇第一卦。「元亨利貞」、「潛龍勿用」、「大哉乾元」是文王、周公、孔子第一句。六十四卦根蒂三百八十四爻，綱領俱提挈於

〔註 1〕明‧潘士藻（字去華）《讀易述》十七卷，見錄《景印文淵閣四庫全書》第33
　　　冊。此處引文見該書卷一。然非潘士藻原創，乃引文。原始出處為宋‧項安
　　　世《周易玩辭》卷一。

此。方節初曰：六畫純陽，惟天惟聖人足以當之。本大本通，本利本貞，不用戒詞，非他卦之比。故夫子以四德釋之。**劉濬伯曰**〔註2〕：「漢、魏取乾之四德，列為二物，而曰大通而利於正固〔註3〕，是亨與貞為實德，而元與利為虛字矣。」在諸卦有此例，非乾之本旨也。

　　昔者伏羲氏仰觀俯察，遠求近取，驀地勘破根源，信手作一奇一耦。爾時，天地萬物之窟穴盡底掀翻，機緘一泄，住手不得，相摩相蕩，俄頃而成六十四卦，究竟止是一畫為之胚胎。夫子學《易》，韋斷摘折不是從語言刪潤今日改一字，明日增一句，只從一畫落手處參詳，恍然見當日伏羲氏這防機關。天地萬物不離六十四卦，六十四卦不離一畫，信筆而書曰：「大哉乾元，萬物資始。」想其落筆之際，真是傾瀉銀漢，噓吸滄溟。何者為元為亨？何者為利為貞？任他說天也得，說聖也得，說《易》也得，說物也得，總是大哉乾元而已。蓋羲皇六畫，萬法皆備，以一字名之曰乾，以四字形容之曰元亨利貞。夫子《彖傳》止以「乾元」二字提綱，而亨而利而貞，錯綜防綴其間，知元之為何物，則亨、利、貞不過張弛闔闢之節耳。注疏家逐句分析，非本防也。私記。

　　「大哉乾元，萬物資始。」既資以始，則乾元非獨天也，乃統天矣。試看行者為雲，施者為雨，流形者為品物，何等廣大，何等高明。一乾方終，一乾又始，到此時遂成此位，到此時遂乘此龍，一片天機，車旋轂轉。變者變，化者化，言乎性命則各正，言乎太和則保合，元亨者至此乃利貞矣。豈不首出庶物，萬國咸寧也哉！惟資始所以統天，「雲行雨施」正統天之作用。惟御天所以變化，「各正」、「保合」乃御天之效驗。乃利貞與乃統天一樣句法，若承上又若起下，而以「首出庶物，萬國咸寧」終之，味其語意，忽言天，忽言人，忽言《易》，忽言物，蛛絲馬蹟，若斷若續，鏡花水月，若隱若見。說《易》者謂此是元，此是亨，此是利貞，逐節界斷，意味索然矣。私記。

　　流如水之流，有生生不息之意；形如人之面，有種種不同之處。形對氣言，氣胚胎於中，形呈露於外。〔註4〕

〔註2〕明・劉濂（字濬伯）《易象解》四卷，有清道光十六年愛蓮齋鈔本，見錄《四庫全書存目叢書》經部第4冊。此處引文見卷首《易象說》（第247頁。）

〔註3〕「固」，《周易玩辭困學記》原作「由」，據《易象解》改。

〔註4〕見張振淵《周易說統》卷一《乾》：「流如水之流，有生生不息之意。形對氣言，『資始』時還只是氣，到此方有形，卻又在『資生』之後。『資生』者，胚胎於中；『流形』者，呈露於外。」

《易》之大分，陽大陰小，陽明陰暗。「大明」者，《乾》之體；「終始」者，《乾》之運。九三下《乾》之終，九四上《乾》之始，一《乾》終而一《乾》始。終始者時，而六位成乎其中矣。〔註5〕《易》作於聖人，非聖人能作《易》也，不過借聖人為輸寫耳。《易》用於聖人，亦非聖人能用《易》也，不過借聖人為展拓耳。《繫辭》首章言「天尊地卑」，即繼以「剛柔摩蕩」，玩「是故」二字，機勢相逼而來，有天地人物自然有《易》，何曾有半點擬議？下即繼以「雷霆」、「風雨」、「成男」、「成女」，有《易》自然有天地人物，何曾有半點做作？造化人事總是一部《易》書，天地聖人不得而主也。

管登之曰〔註6〕：聖人乘龍，乘一乎？乘六乎？曰：乘一即所以乘六也。論聖學之大致，則以潛為基，而見以用潛，惕以持見，躍以行惕，飛以終躍；亢者，飛之極而復反於潛。六位之在人心，如晝夜循環，隨時隨地無不可乘。若以時位而論，則六龍亦無並乘之理。雖道全德備之聖人，所乘不過一龍。堯舜飛，孔子見，伯夷亢，太公躍，道雖相通，用不相奪，而就其所乘一龍之中，六龍亦森然具焉。則所謂「敦化而川流」，即一而成六者也。然龍德無成心，時乘無定格，故有始潛而終見，始見而終飛，始惕而終躍者；又有見兼潛，惕兼見，飛兼躍且亢者。千變萬化，不可勝窮。要之，亦各乘其時而已。忽而潛，忽而見，忽而惕躍飛亢，是謂「乾道變化」。潛者自潛，見者自見，惕躍飛亢自惕躍飛亢，是謂「各正性命」。潛見惕躍飛亢，渾渾淪淪，一團元氣，不相乖戾，是謂「保合太和」。私記。

《紀聞》曰〔註7〕：「統如身之統四體，御如心之御五官。六位言六畫之定分，六龍言六爻之變象。六位乃諸爻之所同，六龍則純《乾》之所獨。」「元亨利貞是《乾》之作用，潛見惕躍飛亢是元亨利貞之作用。」〔註8〕

〔註5〕潘士藻《讀易述》卷一《乾》：「陽大陰小，陽明陰暗。『大明』者，乾之體；『終始』者，乾之運。一乾方終，一乾又始，則生意於此續而不息，故曰『終始』。『大明終始』，一伏一見，一躍一飛，皆乾道之自然也，故六爻之位隨時渾成，而六龍載焉。」

〔註6〕管志道（字登之），生平見錢謙益《牧齋初學集》卷四十九《湖廣提刑按察司僉事晉階朝列大夫管公行狀》。朱彝尊《經義考》卷六十九著錄其《周易六龍解》一卷、《六龍剖疑》一卷。 1944年復性書院叢刊收錄《周易六龍解》一卷、《東溟粹言》一卷。此引文見《周易六龍解》。

〔註7〕見明・張獻翼《讀易紀聞》卷一。

〔註8〕見張振淵《周易說統》卷一《乾》。

「何謂乾元？非理非氣，不可言也。其陰陽未形之初乎？肇於一，謂之元；一而二，謂之氣；運而無息，謂之道。莫之令而令者曰命，莫之稟而稟者曰性。」〔註9〕未有天地，以此而生天生地；既有天地，以此而生人生物。**蘇君禹曰**〔註10〕：「天一氣耳，而生長收藏各一其候，則一氣之中不能不分為四序；人一性耳，而仁義禮智共成其功，則一性之中不能不分為四德。」「性者，理之一定；命者，理之流行；太和者，性命之渾合而無間。」〔註11〕**孔《疏》**〔註12〕：「以漸移改謂之變。一有一無，忽然而異〔註13〕謂之化。」

朱康流曰〔註14〕：「元亨不言性命，至利貞始言之者，造化之氣盛而不斂，則天有愆陽伏陰，物多夭劄瘥厲，是不終有其性命也。故物之各正，不見於其發而見於其藏；《乾》之變化，不見於其通而見於其復；聖人之首出，不見於其動而見於其靜。」學問人品俱如此。

毛伯玉曰〔註15〕：「變化之餘，各正性命，收斂於冬也。斂之不固，則泄不以時。凡雨雪不應，水泉不收，愆陽伏陰。冬華春實，皆天地之沴氣也，故收斂於冬者，萬物之所以正〔註16〕也。」

劉子珪曰〔註17〕：「陽為萬物之所始，故曰『首出庶物』。」

夫子傳《易》，專要闡發三聖之意。所以羲皇之象得文、周而始明，文、周之辭得夫子而發揮殆盡。所謂先聖後聖，其揆一者也。元晦止以卜筮論《易》，謂元亨利貞為文王占辭；夫子以四德釋之，非文王本意。是兩聖先自矛盾，何以教天下後世哉！私記。

〔註 9〕見楊萬里《誠齋易傳》卷一《乾》：「乾元何大乎？乾元也，乾之大者，以元而大也。何謂元？曰：是不可言也，其陰陽未形之初乎？肇而一謂之元，一而二謂之氣，運而無息謂之道，融而無偏謂之和。天非和不立，物非和不生。莫之令而令其和者曰命，莫之稟而稟其和者曰性。孰為此者，乾之元而已。」

〔註10〕見明・蘇濬《生生篇・乾》。（《四庫全書存目叢書》經部第 13 冊，第 9 頁）

〔註11〕見蘇濬《生生篇・乾》。（《四庫全書存目叢書》經部第 13 冊，第 11 頁）

〔註12〕見《周易正義》卷一《乾》。

〔註13〕「異」，《周易正義》作「改」。

〔註14〕兩則均見朱朝瑛《讀易略記・乾》。（《四庫全書存目叢書》經部第 24 冊，第726～727 頁）

〔註15〕引文見馮椅《厚齋易學》卷三十三。

〔註16〕「正」，《厚齋易學》作「止」。

〔註17〕劉瓛，字子珪。朱彝尊《經義考》卷六十九著錄其《周易乾坤義》、《周易四德例》。此語見唐・李鼎祚《周易集解》卷一《乾》。「陽」，《周易集解》作「陽氣」。

孔仲達曰〔註18〕：「聖人畫卦，因天象以教人事。於物象言之，則純陽也，天也；於人事言之，則君也，父也。故居諸卦之首，為《易》理之初。但聖人名卦體例不同，有以天道而為卦名者，《否》《泰》《剝》《復》之屬是也；有以物象而為卦名者，《頤》《鼎》《噬》《嗑》之屬是也。蓋物有萬象，人有萬事，若執一事，不可包萬物之象；若限一象，不可總萬有之事。故名有隱顯，詞有蹉駮，不可一例求，不可一類取也。」

「《彖》曰」、「《象》曰」，相傳謂王輔嗣所加。若夫子原無此名，輔嗣豈敢誕妄至此？緣夫子《彖》、《象》與文、周各自成書，故於《彖》之前總題之以「《彖》曰」，《象》之前總題之以「《象》曰」。輔嗣傳康成之學，以《彖》與《大象》之詞各附卦辭後，《小象》之辭各附爻詞後，於是二傳之上各加「《彖》曰」、「《象》曰」以別之，非夫子之古本也。

古者經與《翼傳》各自成書。今按：《乾》卦先彖辭，次爻辭，次《彖傳》，次《大象》，次《小象》，此康成本，輔嗣因之，而以《文言》附於《乾》、《坤》之末。《坤》以後諸卦，輔嗣以《彖傳》附彖，以《大象》附《彖傳》，以《小象》附各爻。鄭、王二本，歐陽《石經》、晦庵《本義》俱從之。今則《乾》卦亦同《坤》卦序例，淳于俊所謂「合彖、象於經，欲學者尋省易了耳」〔註19〕，非有異同也。

《象》曰：天行健，君子以自強不息。健從人。俗從彳，非。

胡翼之曰〔註20〕：「天者，乾之形；乾者，天之用。天形蒼然，南極入地三十六度，北極出地三十六度，狀如倚杵，其用則一晝一夜，行九十餘萬里。人一呼一吸為一息，一息之間，天行八十餘里。人一刻一百三十五息，一晝夜有一萬三千五百餘息，天行九十餘萬里。以數考之，此當有誤。天之行健，可知君子法之以自強不息。」李氏曰〔註21〕：「學者未敢言無息，且自不息入。」

凡有所依附以強者，失其依附則強息。君子只是自強，師友其資耳，《詩》《書》其寄說者耳。如天行之健，何所依附哉！〔註22〕

〔註18〕唐‧孔穎達（字仲達）《周易正義》卷一《乾》。

〔註19〕淳于俊，三國曹魏人，為《易》博士。引語見《三國志》卷四《魏書四‧高貴鄉公紀》。

〔註20〕見黎靖德《朱子語類》卷六十八《易四》。

〔註21〕見宋‧李過《西溪易說》卷一《乾》。

〔註22〕明‧沈一貫《易學》卷一《乾》：「聖人要在自強，有依以為強者，依去則強息。天何依哉！君子之學，師友其資耳，詩書其遊耳。」

胡仲虎曰〔註23〕：「上經四卦，《乾》曰『天行』，《坤》曰『地勢』，《坎》曰『水洊至』，《離》曰『明兩作』，先體而後用也。下經四卦，《震》曰『洊雷』，《艮》曰『兼山』，《巽》曰『隨風』，《兌》曰『麗澤』，先用而後體也。《乾》、《坤》不言重，異於六子也。稱健不稱乾，異於《坤》也。」

胡庭芳曰〔註24〕：「六十四卦，大象釋一卦兩象之體。象皆夫子所自取，文王、周公所未嘗有，故與卦爻之詞絕不相關。六十四卦皆著一『以』字，以者，所以體易而用之也。即一『以』字，示萬世學者用《易》之方，不可不察。」象之取法不同，孔《疏》言之甚悉。至用《易》之人，其稱名亦殊。大抵前時創制之典則稱先王，因時經世之道則稱後，或用之身心、用之世務則稱君子。

初九：**潛龍勿用**。初，從衣。潛，《石經》從先，《字書》從无，俗從夫，誤用上缺。

《象》曰：潛龍勿用，陽在下也。《字書》：陽，古文作易，從日從一從勿。日為太陽。一者，地也。勿者，日出地上，陽氣舒展之象。後人加阝。阝即阜字，乃山之南、水之北也。陰陽，《易》中綱領，故詳述字義。

「卦辭總一卦之大義，爻則探卦辭之所指，因六爻析而明之」〔註25〕，所謂「發揮旁通，言乎變者也」。

凡草木之生，棟宇之建，學問之成，皆自下而上，故畫卦亦自下而上。不言下而言初者，一畫初落，如天地初闢，人物初生，學問初進，皆自無而有，從微而著，故曰初也。九者，老陽之數。潛者，隱伏之稱。龍者，變化之物。「潛見惕躍飛亢，則初終之序，而變化之跡也。」〔註26〕《乾》為六十四卦之首，《乾》初爻又為三百八十四爻之首。劈頭說一潛字，此有堯、舜之德而不飛，孔、顏之學而不見者也。人能如龍之潛藏，寂然不動，則與天為體，不失其初矣。《象》曰「陽在下」，陽謂龍，下謂潛。經言龍，而象言陽，明經之稱龍，即陽氣也。周公稱龍，甚是奇特。夫子恐人泥於跡，象涉於奇怪，而昧立言之防，故詮解若此。凡看爻須玩小象。

〔註23〕元·胡炳文《周易本義通釋》卷三《象上傳》。
〔註24〕元·胡一桂《易本義附錄纂疏·周易象上傳第五》。
〔註25〕見宋·趙汝楳《周易輯聞》卷一下《屯》。後見焦竑《易筌》卷一《屯》，不言係引用。
〔註26〕馮椅《厚齋易學》卷五《易輯傳第一·乾》：「李子思曰：『六爻之象皆取於龍者，陽體而健者也。其所以潛見惕躍飛亢者，初終之序而變化之跡也。』」

卓去病曰〔註27〕：「譚經家謂潛不專以蟄藏言，即至用之中有至潛者存，此是深論潛道，卻非本旨。論理有全體，有當機，不可過也。此爻只以初陽在下，未可施用為言。勿者，禁止之辭。聖人當此時，意念不生，幾微不露。」

胡庭芳曰〔註28〕：「《易》卦爻辭無陰陽字。夫子於《乾》初曰『陽在下』，於《坤》初曰『陰始凝』，陰陽之稱始此。蓋以六十四卦之初爻，即太極所生兩儀之一，以為諸卦通例。陰陽之名一立，而動靜、健順、剛柔、奇耦、小大、尊卑、變化、進退、往來，亦由是而著矣。」

王伯安曰〔註29〕：「《乾》六爻作一人看，有顯晦，無優劣；作六人看，有貴賤，無優劣。」「惟龍而潛者，可稱勿用。非龍而潛，農商盡然，安所稱勿用哉？」〔註30〕

九二：見龍在田，利見大人。見，從月從人。

《象》曰：見龍在田，德施普也。《說文》：「普從竝。」《石經》作「普」。

陽處二位，故曰九二。陽氣發見，故曰見。龍以六畫言初。二，地位。二在地上，有田象。「以三畫言，二、五人位，有人象。陽大陰小，二、五皆陽，大人象。」〔註31〕

龍非淵則天，何言在田？田者，耕稼之所，謂其興雲布雨，覃於農扈，是德施之普，非徒在田而已也。〔註32〕其於人事，則舜居歷山，尹耕莘野，雖未飛未躍，而雲雨之氣已彌布域中矣。人生一世，不見斯人，終身倀倀，如在雲霧，故曰「利見大人」。

九三：君子終日乾乾，夕惕若，句。**厲，**句。**无咎。**無，音無。王育云：「天缺西北為無。」《詩》、《書》、《春秋》、《禮記》、《論語》本皆無字，奈變篆為隸，始以蕃蕪之蕪為有無之無。獨《周禮》盡用無字，蓋變隸時未改也。《易》不在焚數，故亦不改。或作无，

〔註27〕見卓爾康《周易全書·乾》。（《四庫全書存目叢書補編》第90冊，第4頁）
〔註28〕見元·胡一桂《周易本義啟蒙翼傳》下篇《舉要·氣》。
〔註29〕明·李詡《戒菴老人漫筆》卷七載：「右四條皆文成王公語，《傳習錄》所未載。」此引文在其中。
〔註30〕見沈一貫《易學》卷一《乾》。
〔註31〕何楷《古周易訂詁》卷一《乾》：「以三畫卦言之，初、四為地道，二、五為人道，三、上為天道。陽畫稱大，故本卦二、五皆稱大人也。」
〔註32〕何楷《古周易訂詁》卷一《乾》：「二在初上，所以稱田。龍非淵則天，惡居田乎？龍出於潛淵，輒興雲雨，覃於農扈，是田乃其普德施之所也。」

非旡音。既今考歐陽《石經》、《周禮》皆無字，不知王說何所據。咎，從人從各。各者，相違也，違則天下之事乖矣。

《象》曰：終日乾乾，反復道也。復，音覆。

《乾》九三乃三百八十四爻人道之始，學《易》之樞紐，故聖人危言之。王仲淹曰〔註33〕：「『終日乾乾』一句，可蔽全《易》。」三、四皆明人事，故不言龍。三有乾德，而在人位，君子之象。陽為日，居下乾之終，有日終而夕之象；居二乾之間，有乾乾之象。〔註34〕「若」，語辭，與發若、紛若、節若、沱若、嗟若一例。自上而下為復，自下而上為反，上下皆乾，故為「反復」。

王輔嗣曰〔註35〕：「九三上不在天，未可以安其尊也；下不在田，未可以寧其居也。純修下道，則居上之德廢；純修上道，則處下之體曠。因時而惕，不失其幾，雖危而勞，可以旡咎。」張彥陵曰〔註36〕：「『惕若』二字可玩。常人之儆戒，形見勢迫，有實事可按，便是有所恐懼。君子本體，常自惺惺，老氏所謂『惕兮若驚，猶兮若畏四隣』，原非罣礙，原無恐怖，恰像有一節放不下的心事，故曰『惕若』。危者使平，故旡咎。」《象》曰「反復道」，見不是保守富貴，不是計算未來，只是反反覆覆，在道理上盤旋，與小人之長戚戚者，相去萬里矣。杜黃裳曰〔註37〕：「秦皇程書，隋帝傳餐，非不勤且勞也，所務非其道也。」

卓去病曰〔註38〕：「六乾之義，獨以學問歸之。九三，儒者以為三人位也，此大不然。聖人無地非學，無時非學，乾卦純粹中正，諸爻總是一人，諸人總是一德。第九二中和，則表修身見世之德；九五剛健，則著飛龍善世之功。因九三重剛不中，居下之上，有危懼之象，則以學問歸之。聖人無危機，兢業是

〔註33〕唐·王通（字仲淹）《文中子》卷四《周公篇》：「文中子曰：『《易》之憂患，業業焉，孜孜焉。其畏天憫人，思及時而動乎？』繁師玄曰：『遠矣，吾視《易》之道，何其難！』子笑曰：『有是夫？「終日乾乾」可也。』」

〔註34〕錢士升《周易揆》卷一《乾》：「三、四皆以人事成天地之功者，故不言龍而言君子。陽為日，三居下乾之終，有『終日』象。上下皆乾，兩乾相繼，有『乾乾』象。」

〔註35〕見王弼《周易注》。

〔註36〕張振淵（字彥陵）《周易說統》卷一《乾》：「然『惕若』二字亦要玩。常人之儆戒，大都形見勢動，畢竟有定事可按。而君子本體，常自惺惺不昧，就像有一節放不下的肚腸，故曰『夕惕若』。……王伯厚曰：『危者使平，易者使傾，易之道也。故乾以惕旡咎，震以恐致福。』」

〔註37〕不詳。

〔註38〕見卓爾康《周易全書·乾》。（《四庫全書存目叢書補編》第90冊，第5頁）

其危機；聖人無懼境，兢業是其懼境。因爻之危懼，寫聖心之危懼，此化工之
筆也。」

馮奇之曰〔註39〕：「聖人作《易》立教，夫婦之愚皆可與知與行。故自二、
五大人之外，止言君子，使天下之為父子兄弟者，皆可勉而至也。」○「凡
咎、悔、吝，以理言；凶、災、無攸利，以事言。」〔註40〕

九四：或躍在淵，无咎。淵，《石經》作渊。

《象》曰：或躍在淵，進无咎也。

九四陽氣漸進，龍體欲飛之象。「或」者，疑而未定之辭。「躍」者，飛而
欲起之狀。「淵」者，空洞不測之所。改革之際，進退未定之時也。已離下體，
故謂之「躍」。猶在上體之下，故謂之「在淵」。〔註41〕**鄭申甫曰**〔註42〕：「躍
而曰或，不可知之辭也。不可知，聖人行權之妙用，不可以告人，人亦不得而
測也。」

干令升曰〔註43〕：「此武王舉兵，孟津觀釁而退之爻也。守柔順，則逆天
人之應。通權變，則違經常之教。聖人不得已而為之，故其辭疑之矣。」**郝仲
輿曰**〔註44〕：「若就尋常論，只是再思而行。」

龍非欲躍，氣蒸時逼，不得不躍，既進而不可復反者也。退則入於禍，
故聖人加「進」字以決其疑。曰「進无咎」，則退有咎矣。〔註45〕「凡言无咎
者，本皆有咎，處〔註46〕得其道，故无咎。」〔註47〕獨於三、四言之者，三
多凶，四多懼也。

〔註39〕見馮椅《厚齋易學》卷五《乾》。
〔註40〕見沈一貫《易學》卷一《乾》。
〔註41〕朱熹《周易本義》卷一《乾》：「『或』者，疑而未定之辭。『躍』者，無所緣
而絕於地，特未飛耳。『淵』者，上空下洞，深昧不測之所。龍之在是，若下
於田，『或躍』而起，則向乎天矣。九陽四陰，居上之下，改革之際，進退未
定之時也。故其象如此。」
〔註42〕鄭維岳，字申甫，別號孩。李清馥《閩中理學淵源考》卷七十七有傳。《經義
考》卷六十二著錄鄭維岳《易經意言》六卷。張振淵《周易說統》引其說較
多。此引文見《周易說統》卷一《乾》。
〔註43〕見唐‧李鼎祚《周易集解》卷一《乾》。
〔註44〕見郝敬《周易正解》卷一《乾》。
〔註45〕沈一貫《易學》卷一《乾》：「龍非欲躍，氣蒸時逼，而不得不躍，乃其心未
始躍也。故聖人決之曰『進无咎也』。曰『進无咎』，則退有咎矣。」
〔註46〕「處」，《周易略例》作「防」。
〔註47〕見王弼《周易略例‧略例下》。

淵卑於田，二言田而四曰淵者，言其潤澤之處則曰田，言其騰躍之處則曰淵，各隨義取象，不以上下拘也。

九五：飛龍在天，利見大人。

《象》曰：飛龍在天，大人造也。

剛陽中正，以居尊位，「飛龍在天」之象。「飛」者，龍之本體；「天」者，龍之本位。飛龍在天，風雲雷雨翕然交集；大人在上，禮樂刑政煥然聿新。猶之造化陶鑄成一個世界，故曰「造」也。自無而有謂之造，皆尊仰之謂之見，皆蒙其澤謂之利。

《文言》曰：「聖人作而萬物睹。」睹者，見之謂也。舉世混濁，如盲如瞽，聖人出世，三綱五常整頓肅清，如金針撥轉瞳子。人生此時，心開目明，有天有日，其為利豈曰小補哉！

沈氏曰〔註48〕：「《乾》之六爻，非聖人孰當之？九五非堯、舜孰當之？堯、舜非受禪而後、倦勤而前，垂衣端拱之日孰當之？龍之在天也，一歲一時；聖人之在天下也，萬古一時。故《易》之最尊者惟《乾》，而《乾》之最尊者惟五。」

上九：亢龍有悔。悔，從母。

《象》曰：亢龍有悔，**盈**不可久也。盈從皿從及。徐鉉曰：及，古乎切，益多之義。古以物多為盈，故從及。石經從及。

「亢，旱也，龍之居杳冥而不能雨者。」〔註49〕曰「有」，不必然、不必不然之辭。〔註50〕

「陽極盛而陰生，龍既飛而思潛，此自然之理，故曰有悔。」〔註51〕「亢」者，時之盈，**盈**不可以久居。「悔」者，幾之動，幾不可以少淹。「亢而後天者盡，悔而後天者還也。」〔註52〕黃石齋曰〔註53〕：「亢者，上九之遇悔者。」

〔註48〕見沈一貫《易學》卷一《乾》。

〔註49〕見錢士升《周易揆》卷一《乾》。另外，焦竑《易筌》卷一《乾》：「上，天際之極。龍之居杳冥而不能為雨者，故曰『亢』。」

〔註50〕明·錢一本《像象管見》卷一上《乾》：「悔言有，不必然、不必不然，與惕若之意亦相應。」

〔註51〕見潘士藻《讀易述》卷一《乾》，稱「劉濂曰」。按：原出明·劉濂《易象解》卷一《乾》。（《四庫全書存目叢書》經部第4冊，第250頁）

〔註52〕潘士藻《讀易述》卷一《乾》：「汝吉以為亢而後天者盡，悔而後天者還也。」

〔註53〕黃道周，字幼玄，號石齋。著有《易象正》十六卷。此引文又見清·查慎行《周易玩辭集解》卷一《乾》，《易象正》不載。

上九之德，謂上九非聖，不得云中正純粹矣。

凡云悔者，或指可悔之事，或指能悔之心。可悔之事不宜有，能悔之心不宜無。不言六而言上，何也？數極於五。五者，參兩之合數。五位最尊，六又出而駕其上，故不言六而言上。〔註54〕其於人事，或為塗窮數極之地，或為功成名遂之鄉，有可挽回者，有不可挽回者。讀《易》君子觀初、上二字，而慎終慮始之道可知矣。

沈氏曰〔註55〕：「進極必退，治極必亂。故持盈，保危道也；辭榮，就閒道也；死忠死孝，寧玉碎、無瓦全道也。」徐衷明曰〔註56〕：「相因倚伏，必然之理。古來絕人才智，豈不明此？只是做到地位，回頭不得，小人不做不休，君子不做不得。」錢塞庵曰〔註57〕：「乾體人人皆具，乾德人人宜體。飛而九五，從心所欲，即龍之飛也；亢而上九，曳杖逍遙，即亢之悔也。故乾者，生人日用飲食之事，而高推勢分，劣視身心，豈聖人作《易》之旨哉！」

王汝中曰〔註58〕：「乾之為卦，或潛、見，或惕、躍，或飛、亢，位雖有六，不過出處兩端而已。潛，處之極也。亢，出之窮也。見與飛，上下之正

〔註54〕 郝敬《周易正解》卷一《乾》：「六者，天地參兩之定數，參兩故六。然六不言六而言上，何也？數極於五也。五者，參兩之合，陰陽之交，圖書之中數。五為尊，尊不可尚，中不可過。六以陰加之，故變言上，言在五上也。」

〔註55〕 見沈一貫《易學》卷一《乾》。

〔註56〕 不詳。
另潘雨廷《讀易提要》有《樂涵〈易門〉提要》，稱：
若所引證者，凡七十餘家左右，除漢、宋傑出之三四十家外，有他書不經見者，如劉啟東、鄧汝極、黃陶庵、張彥陵、蘇君禹、葛懋齋、姚承庵、喬還一、王遠、谷拙侯、朱茲泉、陸次晏、徐衷明、龔泉峰、陳大士、孫質卿、錢塞庵、顏應雷、張雨若、倪韭山等是也。惜樂氏未能如厚齋之附錄各家之始末及易著，故今皆未知。
按：蘇君禹、姚承庵、徐衷明、錢塞庵、顏應雷等之說，《周易玩辭困學記》頗見徵引。《易門》或恐據此轉引。因暫未得見《易門》一書，無從比對引文。姑附識於此，以備他日探研。

〔註57〕 錢士升（字抑之，號塞庵）《周易揆》卷一《乾》：「夫乾體人人皆具，乾德人人宜體，而止為一人用耶？九二之為君德也，三、四之為君子也。進而九五，而下學上達，知我其天，即龍之飛也；又進而上九，而五十學《易》，可無大過，即亢之悔也。故乾者，生人日用飲食之事，而高推勢分，劣視人身，豈聖人作《易》之旨哉！」

〔註58〕 王畿，字汝中，山陰人。《明史》卷二百八十三有傳。《經義考》卷五十四著錄其《大象義述》一卷。此引文見《大象義述》（《王畿集》第653頁），首句作：「乾之為卦，或潛，或見，或惕，或躍，或飛，或亢。」何楷《古周易訂詁》卷一《乾》、潘士藻《讀易述》卷一《乾》引同《大象義述》。

也。惕與躍，內外之際也。六者，君子終身經歷之時也。」

胡庭芳曰〔註59〕：「文王於乾，無所取象，周公始象以龍。至孔子《大象》方有天之名，《說卦》方有馬之名，而為首為君之類，始大備矣。後之講象學者，各據三聖而論，庶無惑於紛紜之多端也。」

用九：見群龍無首，吉。吉，從士。

《象》曰：用九，天德不可為首也。

《易》不外《乾》、《坤》，《乾》、《坤》不過九六。聖人於六爻之外虛設此爻，其義有二。一者發明作《易》時，陽爻稱九、陰爻稱六之本旨；一者令學《易》之人或時用九，或時用六，奉此為成法。凡一百九十二陽爻，皆須不露圭角；一百九十二陰爻，皆須始終堅固。此易簡之宗旨，寡過之法門，猶著述家之發凡起例也。私記。

蘇君禹曰〔註60〕：「群龍未常無首，只是用九之人能見到群龍無首，才謂之用九而吉。」「天德不可為首，以天德本無首也。天之氣有首有尾，故歲以春為首，月以朔為首。德則渾渾全全，引之莫知其始，要之莫知其終，有何形跡而可為首乎？」儒者謂不可為物先，此剛強之氣非天德也。夫不可以天德為首，與天德不可為首，相去固徑庭矣。卓去病曰〔註61〕：陽純則渾融，故無首；陰純則凝固，故永貞。質卿曰〔註62〕：「如易牙調味，只見可口，不見酸鹹苦辣。若鹽多則鹹見，辛多則辣見矣。」胡仲虎曰〔註63〕：「經言無首，傳言不可為首，為人之用《易》者言也。《易》主於用，用《易》在人。」離人而譚有首無首，總屬虛誕。

「《乾》主知，故言見；《坤》主行，故言利。」〔註64〕

龍以潛為用，以惕為體。龍而不潛，則終日見，終日飛，狂風怪雨，不成世界；潛而不惕，非死鰌死鱔〔註65〕，則為虺為蛇，安望其霖雨天下哉！君

〔註59〕又見董真卿《周易會通·周易經傳集程朱解附錄纂注卷第一》、胡廣《周易大全》卷一。

〔註60〕見蘇濬《生生篇·乾》。（《四庫全書存目叢書》經部第13冊，第10、11頁）

〔註61〕見卓爾康《周易全書·乾》。（《四庫全書存目叢書補編》第90冊，第12頁）

〔註62〕《經義考》卷五十九著錄顏素《易研》六卷，稱：「顏素，字質卿，懷寧人。萬歷甲戌進士。」此引文見潘士藻《讀易述》卷一《乾》。

〔註63〕見胡炳文《周易本義通釋》卷三《象上傳》。

〔註64〕見熊過《周易象旨決錄》卷一《坤》、明·來知德《周易集注》卷一《乾》。

〔註65〕焦竑《易筌》：「陽盛極而生陰，龍倦飛而思潛。此自然之變，若一嚮往而不返，是死鰌死鱔，不足為龍矣。」

子學《易》，先問其是龍非龍，然後論其有首無首。若以剛變為柔為無首，則是棄狂狷而取鄉愿，好畫龍而不好真龍者也。私記。

蘇子瞻曰〔註66〕：「九、六為老，七、八為少之說，未之聞也。或曰：陽極於九，其次則七，極者為老，其次為少，則陰當老於十而少於八。曰：陰不可加於陽，故十不用。十不用，猶當老於八而少於六也。則又曰：陽順而上，其成數極於九；陰逆而下，其成數極於六。自下而上，陰陽均也。稚於子午而壯於巳亥，始於《復》、《姤》而終《乾》、《坤》者，陰猶陽也。曷常有進陽而退陰與逆順之別乎？且此自然者，天地且不能知，聖人豈得與於其間而制其與奪哉！」

郭立之曰〔註67〕：「三百八十四爻不論老少，皆稱九、六，何也？曰：九、六有象，七、八無象。所謂七、八無象者，以卦則六子之卦，七、八隱於其中而無象也；以畫則雖六子亦皆乾、坤之畫，無六子之畫也。如震之初，乾畫也，乾策也；震之二三，坤畫也，坤策也；別無震之畫，震之策也。乾、坤用九、六，而諸卦之得奇畫者皆用乾之九，得耦畫者皆用坤之六，故止稱九、六，不稱七、八。」

郭子和曰〔註68〕：「學者相傳謂九為老陽，七為少陽，六為老陰，八為少陰。及觀乾爻稱九，坤爻稱六，則九、六為陰陽，蓋無疑也。而六子皆稱九、六，不言七、八，則少陰少陽未有所據。及考乾坤之策，曰乾之策二百一十有六，坤之冊百四十有四。乾一爻得三十六策，坤一爻得二十四冊，是則老陰老陽之數也。又考二篇之策，陽爻百九十有二，以三十六乘之，積六千九百十有二；陰爻百九十有二，以二十四乘之，積四千六百八；合之為萬有一千五百二十，則二篇之策亦皆老陰老陽之數也。而少陰少陽之數又無所見。再置陽爻百九十有二，以少陽二十八乘之，積五千三百七十六；再置陰爻百九十有二，以少陰三十二乘之，積六千一百四十四；合之亦為萬有一千五百二十，以是知少陰少陽之數隱於老陰老陽之中。如是則七、九皆為陽，六、八皆

〔註66〕見蘇軾《東坡易傳》卷七《繫辭傳上》。
〔註67〕郭忠孝，字立之。朱彝尊《經義考》卷二十一著錄其《兼山易解》二卷。宋·馮椅《厚齋易學》錄其說較多。此引文見宋·方聞一《大易粹言》卷六十七《繫辭上三》、董真卿《周易會通》卷十二《繫辭上傳》、胡廣《周易大全》卷二十二《繫辭上傳》。
〔註68〕陳振孫《直齋書錄解題》卷十二著錄郭雍《蓍卦辨疑序》三卷，並節錄其《自序》。此引文即序中語。

為陰，其畫為奇為耦，皆同聖人畫卦，初未必以陰陽老少為異。然卜史之家，欲取動爻之後卦，故分別老、少之象，與聖人畫卦之道已不同矣。」

附《左傳》、《國語》二則，見周代用《易》異於夏、商。

《左傳·襄公九年》：穆姜薨於東宮。始往筮之，遇《艮》之八䷳。《周禮》：太卜掌三《易》。雜用《連山》、《歸藏》。二《易》皆以七、八占，故言遇《艮》之八。史曰：「是謂《艮》之隨䷐。史疑古《易》遇八為不利，故更以《周易》占，變爻得《隨》卦而論之。《隨》，其出也。史謂《隨》非閉固之卦。君必速出。」姜曰：「亡。是於《周易》曰：《隨》，元、亨、利、貞，无咎。《易》筮皆以變者占，遇一爻變義異，則論象，故姜亦以象占也。史據《周易》，故指言《周易》以折之。按：史言《周易》以見別於夏、商。元，體之長也。亨，嘉之會也。利，義之和也。貞，事之幹也。體仁足以長人，嘉會足以合禮，利物足以和義，貞固足以幹事。然故不可誣也，是以雖《隨》无咎。言不誣四德，乃遇《隨》无咎。今我婦人，而與於亂。固在下位，卑於丈夫。而有不仁，不可謂元。不靖國家，不可謂亨。作而害身，不可謂利。棄位而姣，淫之別名。不可謂貞。有四德者，《隨》而无咎。我皆無之，豈《隨》也哉？我則取惡，能无咎乎？必死於此，弗得出矣。按：晦庵筮法，五爻變則占之卦不變爻，與《左傳》異。」

《晉語》：秦伯穆公。召公子晉重耳。於楚，楚子成王。厚幣以送公子於秦，公子親筮之，曰：「尚有晉國。命筮之詞。」得貞《屯》䷂、悔《豫》䷏，皆八也。震在《屯》為貞，在《豫》為悔，八謂〔註69〕震兩陰爻，在貞悔皆不動，故曰皆八。筮史占之，皆曰不吉。筮人掌三《易》。以《連山》、《歸藏》占此二卦，皆言不吉。胡庭芳曰：言皆八，可見用夏、商二《易》。閉而不通，爻無為也。閉，壅也。震動，遇坎險壅閉不通，則爻無所為。司空季子曰：「吉。是在《易》，以《周易》占之，二卦皆吉也。皆利建侯。按：二卦彖詞皆利建侯。不有晉國，以輔王室，安能建侯？我命筮曰尚有晉國，告我曰利建侯，得國之務也，吉孰大焉？震，車也。坎，水也。坤，土也。屯，厚也。豫，樂也。車班內外，順以訓之。班，徧也。屯內豫外，皆震。坤順屯豫，皆有坤。泉源以資之，資，財。屯、豫皆有艮。坎水在山為泉源，流而不竭。土厚而樂其實，屯、豫皆有坤，故厚豫為樂。不有晉國，何以當之？震，雷也，車也；坎，勞也，水也，眾也。主雷與車，內為主。而尚水與眾，車有震武也，車聲隆，有威武。眾而順文也。文武具，厚之至也。故曰《屯》。其繇曰：『元亨利貞，勿用有攸往，利建侯。』主震雷，長，故曰元。眾而

〔註69〕「謂」，四庫本作「為」。

順，嘉也，故曰亨。內有震雷，故曰利貞。車上水下，必伯。車動而上，威也。水動而下，順也。有威眾從，必伯。小事不濟，壅也，故曰勿用有攸往。一夫之行也，一夫，一人也。震一索得男，故曰一夫。又震作足行象。眾順而有武威，故曰利建侯。復述上事。坤，母也；震，長男也。母老子彊，故曰《豫》。其繇曰：『利建侯行師。』居樂出威之謂也。居樂，母內。出威，震外。居樂故利建侯，出威故利行師。得國之卦也。」

按：《周禮》筮人掌三《易》。三《易》謂《連山》、《歸藏》、《周易》也。周人用《周易》，而以《連山》、《歸藏》備參考。《連山》、《歸藏》用七、八，七、八不動。《周易》用九、六，九、六主動。動者，變也。《周易》尚變，故三百八十四爻不論老少皆稱九、六，而周公於《乾》、《坤》二卦發明其例。杜元凱曰：「凡筮者用《周易》，則其象可推。」私記。

《文言》曰：元者，善之長也。亨者，嘉之會也。利者，義之和也。貞者，事之幹也。君子體仁足以長人，嘉會足以合禮，利物足以和義，貞固足以幹事。君子行此四德者，故曰：「乾：元，亨，利，貞。」《十翼》次第，《文言》在《繫辭下傳》之後。

陸德明《釋文》載梁武帝云〔註70〕：「《文言》是文王所作。」陳友文曰〔註71〕：「其意謂《文言》者，文王之言也，獨不見《文言》之辭，一則稱子曰，再則稱子曰。所謂子者，非孔子而何？」劉子珪曰〔註72〕：「作文而言其理，故曰《文言》。」

幹令升曰〔註73〕：「純陽，天之精氣。四行，君子懿德。是故乾冠卦首，辭表篇目。道義之門，在於此矣。猶《春秋》之備五始也，故夫子留意焉。」

劉元炳曰〔註74〕：「乾卦六爻，雖未嘗不兼言人事，而象占渾奧，彖傳閎深，小象簡勁，其辭皆即天即人，未嘗專言人也。至《文言》首挈『乾：元，亨，利，貞』，以歸之君子之四德，而因潛見惕、躍、飛、亢，以發揮六位之情，則即人即天，盛德大業皆從此出矣。」

〔註70〕見陸德明《經典釋文》卷二。
〔註71〕見胡一桂《周易本義啟蒙翼傳》下篇《文王作文言之疑》，亦錄梁武帝之言。
〔註72〕見李鼎祚《周易集解》卷一《乾》。「作」，《周易集解》作「依」。
〔註73〕見李鼎祚《周易集解》卷一《乾》。
〔註74〕不詳。

孔仲達曰〔註75〕：「天本無心，豈造元亨利貞之德？天本無名，豈造元亨利貞之名？但聖人以人事託之，謂此自然之功，為天之四德，垂教於下，使後代聖人法天之所為，故立四德以設教也。」

孟子論四端，以不忍為提綱。子貢問終身可行，夫子以恕為要領。可見慈祥一念，是萬善之原，百行之主，故曰：「元者，善之長」，「體仁足以長人」。玉帛鼎俎，人道嘉美之事。但三千三百，紛然散亂，無團聚會，合之處總屬虛文。《易》所謂亨者，是愛敬之心、未將之誠。三千三百從此而出，乃眾美之防，所謂人情王道之田，所謂忠信可以學禮，故曰：「亨者，嘉之會」，「嘉會足以合禮」。私記。

人之相與，惟見其不利也，則相怨相陵；惟見其利也，則相安相悅。如下侵上則不利於上，上猜乎下而不和矣；上侵下則不利於下，下猜乎上而不和矣。惟下不侵上則利在上，上得其分願而與下和；上不侵下則利在下，下得其分願而與上和。和從義生，本是區處，截然不相陵犯，而人各見為利，不見為苦，則此利乃義之利，而利之為和者乃義之和也。

貞者，堅忍凝定不可動搖之意。蘇君禹曰〔註76〕：「行其所當行，止其所當止。一時之利害有所弗顧，眾口之毀譽有所弗狥〔註77〕。必如是而後為事之幹，必如是而後可以幹事。」呂伯恭曰〔註78〕：「世人但知疏通可以幹事，謂貞固者不能。此蓋誤認樸拙為貞固耳。不知疏通者但能取辦目前。不貞不固，終必敗事。」

夫子贊《易》，其親切為人之處見於《文言》。觀「乾：元，亨，利，貞」五字，渾淪深奧，不可窺測。不得已以天道明其一二，究竟鏡花水月，如何法天，如何學《易》，無從下手。夫子於此，不別下註腳，只以穆姜相傳之語點竄數字，稱述一番，而結之曰「君子行此四德者，故曰：『乾：元，亨，利，貞』」。見所謂元亨利貞，更無奇特，只是行此四德，便叫做元亨利貞。易知簡能，潔靜精微之旨，如是而已。讀《易》者不從此體認，而高談玄妙，子瞻所謂「龍肉但可耳食，不能入口」者也。私記。○穆姜之筮，在成公十六年。襄公二十一年，孔子生。又數十年，而始作《易》。

〔註75〕見孔穎達《周易正義》卷一《乾》。
〔註76〕見蘇濬《生生篇·乾》。（《四庫全書存目叢書》經部第 13 冊，第 12 頁）
〔註77〕「狥」，《生生篇》同，四庫本作「徇」。
〔註78〕見呂祖謙（字伯恭，世稱東萊先生）《東萊集·讀書雜記一·讀易紀聞》。

元亨利貞四德，散見於諸卦，或分或合，體例不一，孔《疏》言之甚詳。其純粹以精者，獨乾而已，故夫子再四闡發，以盡其蘊。

初九曰「**潛龍勿用**」，何謂也？子曰：「龍德而隱者也。不易乎世，不成乎名，遯世無悶，不見是而無悶，樂則行之，憂則違之，確乎其不可拔，『**潛龍**』也。」拔，從犮，俗從犮，非。

《**本義**》〔註79〕：「《乾》卦六爻，《文言》皆以聖人明之，有隱顯而無淺深。」

來矣鮮曰〔註80〕：「『何謂也』三字，是文章問荅之祖，屈原《漁父》、揚雄《法言》皆出於此。」

貢受軒曰〔註81〕：「人在世上，都被世界轉移。大易言『不易乎世』，這是出風塵的漢子。然才是特立，便要成名。既『不易乎世』，又無所成名，才潛得不凡。吾人學問，劈初無『遯世無悶』一段根基，安望其根深而末茂也？」
鄭申甫曰〔註82〕：「人雖遯世，猶有是之者一二知己，可以自慰。至於『不見是而無悶』，抑又難矣。」

「遯世」接「不易乎世」，「遯」則甚於「不易」矣。「不見是」接「不成乎名」，「不見是」則甚於「無名」矣。而皆「無悶」者，彼有所獨得也。「樂則行之」，從其所好也。「憂則違之」，不從其所不好也。學問到此固蒂深根，孰得而拔之？故曰「確乎其不可拔」。

孔《疏》〔註83〕：「目中所見，都是邪辟，無一是處，卻不以為悶。」附錄。

九二曰「**見龍在田，利見大人**」，何謂也？子曰：「龍德而正中者也。庸言之信，庸行之謹，閑邪存其誠，善世而不伐，德博而化。《易》曰：『見龍在田，利見大人』，君德也。」

〔註79〕見朱熹《周易本義》卷一《乾》。
〔註80〕見來知德（字矣鮮）《周易集注》卷一《乾》。
〔註81〕黃宗羲《明儒學案》卷二十五《南中一》載：「貢安國，字元略，號受軒，宣州人。」引文又見張振淵《周易說統》卷一《乾》。
〔註82〕不詳。
〔註83〕《周易正義》卷一《乾》孔《疏》：「『遯世無悶』者，謂逃遯避世，雖逢無道，心無所悶。『不見是而無悶』者，言舉世皆非，雖不見善，而心亦無悶。上云『遯世無悶』，心處僻陋，不見是而無悶，此因見世俗行惡，是亦『無悶』，故再起『無悶』之文。」

「龍德一也，在初則言其隱，在二則言其正中。」〔註84〕徐衷明曰〔註85〕：「德而曰龍，似神奇不測，不知即在平常日用之間，故曰『正中』。據爻例，九二中而不正。今曰『正中』，見中之兼乎正也？邪與正中相反。庸言一不信，庸行一不謹，悉邪也。於庸處稍加分毫，亦邪也。〔註86〕念念無不信，念念無不謹，便是『閑邪』。正叔謂閑邪工夫，只在言語飲食與人交接時。做閑邪便是存誠。『邪自外入，故曰閑；誠自我有，故曰存。』」〔註87〕聖人之學，正心誠意便是治國平天下作用。誠存則不徒善其身，而且兼善一世矣。」

蘇子瞻曰〔註88〕：「堯、舜之所不能加，桀、紂之所不能亡，是之謂誠。凡可以閑而去者，無非邪也。邪者盡去，則其不可去者自存矣，是謂『閑邪存其誠』。不然，則言、行之信、謹，蓋未足以化也。」

管登之曰〔註89〕：「移風易俗於庸言庸行之中，而無智名，無勇功，故曰善世而不伐。老者安，少者懷，若鴻鈞之造物，而我無與焉，故曰德博而化。」

九三曰「君子終日乾乾，夕惕若，厲，无咎」，何謂也？子曰：「君子進德脩業，忠信所以進德也。脩辭立其誠，所以居業也。知至至之，可與幾也。知終終之，可與存義也。是故居上位而不驕，在下位而不憂，故乾乾因其時而惕，雖危无咎矣。」《說文》：幾，從丝。音幽，微細也。從戍，兵守也。《六書正譌》：「戍守者當察於物色幽微之間也。」俗作幾，非。

九三一爻是學問源頭。「道之浩浩，何處下手？惟立誠才有可居之處。有可居之處，則可修業。」〔註90〕《大學》之誠意，《中庸》之誠身，俱不出此。

「終日乾乾」，必有事焉，「進德修業」是已。進修必有地，德業必有物，忠信立誠指其地，實其物也。然知德業所至，而不至其至，非造微之極；知德

〔註84〕見楊簡《楊氏易傳》卷一《乾》。

〔註85〕不詳。

〔註86〕焦竑《易筌》：「庸言信，庸行謹，何以有邪？祝無功曰：『於庸處稍加纖毫便為邪。』」

〔註87〕馮椅《厚齋易學》卷四十八《易外傳第十六·文言》：「蘭惠卿曰：『邪自外入，故閑之。誠自我有，故存之。』」

〔註88〕見蘇軾《東坡易傳》卷一《乾》。

〔註89〕見管志道《周易六龍解》。

〔註90〕見黎靖德《朱子語類》卷九十五《程子之書一》。

業所終，而不終其終，非存義之固。知至能至，知終能終，而聖智之學全矣。
〔註91〕

楊敬仲曰〔註92〕：「德之見於應物行事者謂之業。應酬交錯，萬變相糜〔註93〕，君子居其間，順物狥（註94）情，造次發語，往往隨世，不無文飾，不無失信，世俗習以為常，以為不如此將取禍。此等情偽，古今同情。不知蠹壞忠信，莫此為甚。君子於是有修辭工夫，使不至於忤物，又不至於失信。交錯應酬，擾擾萬變之中，而忠信純一，無間無雜，則德業不至於墮敗矣。故曰『居業』。居有安居不動之義。若言語之間，一毫詐偽，豈能保其不敗也？此萬世通患，不可不講。」

錢國端曰〔註95〕：「今人德不進，只是不忠信；業不修，只是言詞誕妄。君子闕疑慎餘，才動口，更無一語不忠不信，把真實不妄道理盡從口上立根基。即口即心，即辭即事，日修日誠，德之進在此；日積日富，業之修在此。富有大業，盡從修辭立誠上藏頓，更無走作之處，是以謂之居業。」

凡人才向學問，便思著書立言欺罔天下，其最上者不過博一虛名，於本分功行毫無安頓處，此是千古大病。所以夫子教人修辭立誠。夫修辭與立誠絕不相蒙，而合言之，何也？出口為言，居平酬對，無大關係。載筆為辭。辭之為物，最易浮華，一毫虛假，將殺天下後世。所以要修。修如修身之修，切磋琢磨。淫詞邪說，艾削無餘。惟以身之所行、心之所得，樸樸實實，留此數語於天，下以俟是非之自定。讀其書，一片真誠卓然在語言文字之際。考前王，俟後聖，任你世界翻覆，這幾句說話搖奪他不得。修辭便是修身，立言便是立誠，豈非不朽事業，居之而安者乎！《詩三百》篇，勞人怨士何嘗有意立言，精誠所激，其歌也有思，其泣也有懷，千古文人，皆讓他出一頭地。私記

「有開必先之謂幾，聖人不動念而動幾。惟變所適之謂義，聖人不存幾而存義。」〔註96〕

〔註91〕此一節見楊萬里《誠齋易傳》卷一《乾》。又見姜寶《周易傳義補疑》卷一《乾》、焦竑《易筌》卷一《乾》。其中，《易筌》不言係引用。

〔註92〕見楊簡（字敬仲）《楊氏易傳》卷一《乾》。

〔註93〕「糜」，《楊氏易傳》作「靡」。

〔註94〕「狥」，《楊氏易傳》同，四庫本作「徇」。

〔註95〕見錢一本（字國端，一字啟新）《像象管見》卷一《乾》。

〔註96〕見管志道《周易六龍解》。又見潘士藻《讀易述》卷一《乾》，不言係引用。又見清·錢澄之《田間易學·乾》亦引此句，稱「管登之曰」。

王輔嗣曰〔註97〕：「處一體之極，是至也。居一卦之盡，是終也。處事之至而不犯咎，知至者也。處終而能全其終，知終者也。夫進物之速者，義不若利；存物之終者，利不及義。夫可存義，其惟知終者乎？《疏》云：利隨幾而發，見利則行。故進物速疾，義不若利也。義者依分而動，不妄求進，故存物之終，利不及義也。」

何閩儒曰〔註98〕：「審其進退，知時當進而至乎上，則奮而至之，罔敢後也，夫然後不失事幾之會；知時當退而終乎下，則堅而終之，罔敢越也，夫然後不拂分義之正〔註99〕。下體之上故曰居上，上體之下故曰在下。知至而至，非為位也，故居上而不驕；知終而終，不出位也，故在下而不憂。○〔註100〕與，許也，即可與共學之與。」

張子厚曰〔註101〕：「求〔註102〕致用者，幾不可緩。將〔註103〕進德者，涉義必精。」

楊敬仲曰〔註104〕：「三猶臣體，四則有君體。方其在三，知其可至而至之，名曰知幾；知其可終而終之，名曰存義。至則舜、禹，終則伊、周。」

呂叔簡曰〔註105〕：「君子進德修業。業，刻木如鋸齒，古無文字，用以紀日行之事數也。一事畢則去一刻，事俱畢則盡去之，謂之修業。古人未有一日不修業者。」

龍之為物，以神變為用者也。學者無安身立命之處，而侈言龍德，希蹤無首，於是為亂德之鄉愿，無忌憚之中庸。易簡之學，流而為險阻，此學《易》之大病也。故《文言》於《乾》卦內三爻深切著明，其說使學者有所持循。蓋其學以遯世無悶為風骨，庸言庸行為工夫，忠信立誠為本領，循循造詣，大而化，化而神，窮則獨善其身，達則兼善天下，為飛為躍，

〔註97〕見《周易正義》卷一《乾》。

〔註98〕見何楷《古周易訂詁·乾》。

〔註99〕「正」，《古周易訂詁》作「貞」。

〔註100〕此處原為空格，今以「○」區分。

〔註101〕見宋·張載（字子厚）《張子正蒙·至當篇第九》。

〔註102〕「求」，《張子正蒙》作「將」。

〔註103〕「將」，《張子正蒙》作「思」。

〔註104〕見楊簡（字敬仲）《楊氏易傳》卷一《乾》。

〔註105〕見胡居仁《易像鈔》卷五。呂坤（字叔簡）原語見《呻吟語》卷二內篇，但無「君子進德修業」一句。

舉而措之，與時宜之而已矣。不然，身非龍種，又無蟄存之力，而欲噓氣成雲，畫虎不成反類狗，學龍不成則不知其為何物矣。私記。

九四曰「或躍在淵，无咎」，何謂也？子曰：「上下無常，非為邪也。進退無恒，非離群也。君子進德修業，欲及時也，故无咎。」

朱元晦曰〔註106〕：「內卦以德學言，外卦以時位言。」

來矣鮮曰〔註107〕：「在田者安於下，在天者安於上，有常者也。進而為飛，退而為見，有恆者也。九四之位，逼九五矣。以上進為常，則覬覦而心邪。今或躍或處，上下無常，而非為邪也。以下退為常，則離群而德孤。今去就從宜，進退無常，而非離群也。此與常解稍異。惟及時以進脩，而不干時以行險，此其所以无咎。上進釋躍字義，下退釋淵字義，無常、無恒釋或字義，非為邪、非離群釋无咎義。」徐衷明曰〔註108〕：「『非』字與『欲』字應。『欲』字正發四所以『或』之之心，不敢苟且以赴功名之會也。無常無恒正曰或曰淵變化之神處。」呂伯恭曰〔註109〕：「九四一章，須看『故无咎』三字。凡人規行矩步，自然無失。若進退無常，豈能无咎？」

管登之曰〔註110〕：「南巢、牧野之事，人謂聖人行權，在聖人則亦日用進修事耳。天德原無作輟，進修豈問平險？當躍而躍，正德業之日新處。天與不取，亦是進修失時，故曰『君子進德脩業，欲及時也』。湯有後世口實之慚，而武有上帝臨女之戒，可見二聖及時進修之處。」

九五曰「飛龍在天，利見大人」，何謂也？子曰：「同聲相應，同氣相求。水流濕，火就燥，雲從龍，風從虎，聖人作而萬物覩。本乎天者親上，本乎地者親下，則各從其類也。」《字書》：虎從虍從人。俗從几，誤。人在旁作亻，在下作几。類，從米從犬。種類相似，惟犬最多，故從犬。

此聖人居天位，具天德，故不復言德業進修，而一以聖神功化澹渙炊纍之妙言之。

楊敬仲曰〔註111〕：「衰世之主，往往求諸人，多方以治人，而人不服。孔

〔註106〕見朱熹《周易本義》卷一《乾》。
〔註107〕見來知德（字矣鮮）《周易集注》卷一《乾》。
〔註108〕不詳。
〔註109〕見呂祖謙《麗澤論說集錄》卷一。
〔註110〕見管志道《周易六龍解》。「天與不取，亦是進修失時」，《周易六龍解》原無。
〔註111〕見楊簡《楊氏易傳》卷一《乾》。

子深察斯情，故諄諄設喻，所以明聖人作則，物無不應。人君必反求諸己，不可罪民之頑而不可化也，不可歎當世之乏才以共理也。」

錢國端曰〔註112〕：「本乎天者睹聖人之作而親於上，本乎地者睹聖人之作而親於下。以聖人上有天道，故本天之類親聖人如天；聖人下有地道，故本地之類親聖人如地。」

程正叔曰〔註113〕：「日月星辰本乎天者，與天相附；草木蟲獸本乎地者，與地相附。」

顏應雷曰〔註114〕：「漢高奮跡，佐命多產於豐沛。光武中興，諸將半出於南陽。」

上九曰「亢龍有悔」，何謂也？子曰：「貴而無位，高而無民，賢人在下位而無輔，是以動而有悔也。」

楊廷秀曰〔註115〕：「六龍之首，故曰貴曰高。非君非臣，故曰無位。陽剛無陰，故曰無民。自四而下，皆從九五，故曰無輔。」按：高貴以品格言，無位無民以時地言。高而且貴，非徒愚夫愚婦不敢攀躋，即下位之賢人，亦無從効其匡弼。語曰：「松栢不棲蟬，虎豹之皮不上蟻。」上立身於孤峻之地，視天下人無一當意，天下亦無一人敢與之為伍。蓋巢、許、孤竹之輩但有感慨而已，故曰「動而有悔」。私記。

九五雲龍風虎相求相應，上九無位無民無輔，天下止有此兩種登峰造極之人。一治世，一出世，不可無一，不可有二。私記。

沈氏曰〔註116〕：「人豈有不動之時曰動而有悔，難乎其免矣。故富當使其可復貧，貴當使其可復賤。歲老運移，理當退謝，必有以處之，惟神龍能變能化，而退藏於密。堯老，舜攝，不以權去已為患也。」

〔註112〕見錢一本《像象管見》卷一《乾》。
〔註113〕程頤《伊川易傳》卷一《乾》：「本乎天者，如日月星辰；本乎地者，如蟲獸草木。陰陽各從其類，人物莫不然也。」
〔註114〕顏鯨，字應雷，慈谿人。明·徐象梅《兩浙名賢錄》卷二十《經濟》、清·萬斯同《明史》卷三百〇八、清·張廷玉《明史》卷二百〇八有傳。《經義考》卷五十五其《易學義林》十卷。日本有藏本：尊經閣文庫藏明版（十冊），大洲市立圖書館藏明末刊本，內閣文庫藏江戶初寫本。（劉毓慶、張小敏編著《日本藏先秦兩漢文獻研究漢籍書目》，三晉出版社2012年版，第17頁）
〔註115〕見楊萬里《誠齋易傳》卷一《乾》。
〔註116〕見沈一貫《易學》卷一《乾》。

登之曰〔註117〕:「龍有亢乎?六位時乘,亢亦龍之一位也。位在則道在,若慮亢之有悔,而先處於不亢之地,此智士之為耳。豈曰龍德?」潘去華曰〔註118〕:「情有喜怒哀樂,聖人必不擇樂而避哀。事有吉凶悔吝,聖人必不趨吉而避凶。」

邵氏曰〔註119〕:「潛而不龍,沮、溺以耦耕而譏聖。見而不龍,楊、墨以仁義而賊民。惕而不龍,蠡、種以艱辛而霸越。躍而不龍,偃王以懦弱而抗周。『貴而無位』,伊尹辭阿衡之日。『高而無民』,甘盤遯荒野之時。『賢人在下位而無輔』者,孤竹之臥首陽也。」

《文言》第一節不釋用九,第二、第三節加「乾元」二字,末節又不釋用九,《坤·文言》不釋用六,不曉何意。私記。

「**潛**龍勿用」,下也。「見龍在田」,時舍也。「終日乾乾」,行事也。「或躍在淵」,自試也。「飛龍在天」,上治也。「亢龍有悔」,窮之,讀。災也。乾元「用九」,天下治也。舍,式夜切,屋也。《字書》從舌。《石經》從吉。災,篆文巛中加一畫。巛與川同。川壅為災,後變作灾。宀,屋也,以火其屋為灾矣。

前「陽在下也」七節以理言,此七節以人言,後七節以時言。

馮奇之曰〔註120〕:「舍與『出舍於郊』之『舍』同。適止於此,非久安也。」

來矣鮮曰〔註121〕:「『終日乾乾』,非空憂惕,乃行所當行之事,即『進德修業』。」

鄭申甫曰〔註122〕:「試者,斟酌之謂。如人和羹酌而嘗之,以適五味之和。蓋德進業修之後,與幾存義之妙用也。小人中無衡尺,而僥倖嘗試,為模棱,為首鼠,則無忌憚矣。」洪覺山〔註123〕曰〔註124〕:「上下進退之宜存乎

〔註117〕見管志道《周易六龍解》。
〔註118〕見潘士藻《讀易述》卷一《乾》。
〔註119〕不詳。
〔註120〕見馮椅《厚齋易學》卷四十八《易外傳·文言》。
〔註121〕見來知德《周易集注》卷一《乾》。
〔註122〕見張振淵《周易說統》卷六《乾》。按:此指二十五卷本《周易說統》,十二卷本無。
〔註123〕洪垣,字峻之,號覺山,徽之婺源人。《明儒學案》卷三十九《甘泉三》有傳。《經義考》卷五十四著錄其《周易玩辭》。程汝繼《周易宗義》、張振淵《周易說統》引錄其說較多,可據之輯佚。
〔註124〕見張振淵《周易說統》卷一《乾》。程汝繼《周易宗義》卷一《乾》:「洪覺

吾心，非他人所能喻，故曰『自試』。」

蘇君禹曰〔註125〕：「不徒曰治而曰上治，五帝以道，三王以功，皆治之上者也。下此則霸而已。」

「窮之災也」，「窮之」也者，窮之也，惟窮故災，不窮則何災之有。

此釋用九，而兩稱「乾元」者，何也？一百九十二陽爻皆用九，皆各有所指。此之用九與他卦不同。其治亂關天下，非一身一家之事。其法則合天道，非自用自專之智。故一則曰「天下治」，一則曰「見天則」，而以乾元冠之，見非乾元不能用也。私記。

來矣鮮曰〔註126〕：「人君體乾之元，用乾之九，至誠惻怛之愛，當流行於剛果嚴肅之中，則張弛有則，寬猛得宜，不剛不柔，敷政憂憂，而天下治矣。」

「**潛龍勿用**」，陽氣**潛**藏。「見龍在田」，天下文明。「終日乾乾」，與時偕行。「或躍在淵」，乾道乃革。「飛龍在天」，乃位乎天德。「亢龍有悔」，與時偕極。乾元用九，乃見天則。

來矣鮮曰〔註127〕：「『陽在下也』，以爻言。下也，以位言。此則以氣言。此以下聖人歌詠乾道之意。觀其句皆四字，有音韻可知矣。」

蘇君禹曰〔註128〕：「陽氣之所潛藏，生身立命之根。天一在下，不可輕泄。」

曰「自試」，猶是斟酌語。曰「革」，則言其去下體，入上體，翻然一變，不膠故轍，行權之妙也。

潘去華曰〔註129〕：「龍潛，龍見，龍躍，皆非其本位。惟在天，乃還其本位。「乃」字有味。雖有其位，苟無其德，不過位乎天位而已。飛龍在天，乃位乎天德。」

鄭申甫曰〔註130〕：「時極當變，有悔者順時極當變之理，而與之偕極也，非不知反之謂。」

山曰：『自試，自審也。上下進退之宜存乎吾心，非他人所能與，故自試也。』」（《續修四庫全書》第 14 冊，第 23 頁）

〔註125〕見蘇濬《生生篇・乾》。（《四庫全書存目叢書》經部第 13 冊，第 14 頁）

〔註126〕見來知德《周易集注》卷一《乾》。

〔註127〕見來知德《周易集注》卷一《乾》。

〔註128〕此語不見蘇濬《生生篇》、《易經兒說》，俟考。

〔註129〕見潘士藻《讀易述》卷一《乾》。

〔註130〕不詳。

唐凝庵曰〔註131〕：「龍之變化，孰不謂其無定形，亦無定用。而不知無定之中，有一定不易之天則在焉。則者，理之有節限，而無過不及者也。君子之時中，小人之無忌憚，辨之不精，學術天淵矣。」

郭季公曰〔註132〕：「乾元者，人之心也，天之命也。故二段於用九之上，兩以「乾元」冠之。」

「乾元」者，始而亨者也。「利貞」者，性情也。乾始能以美利利天下，不言所利，大矣哉！美，從大，不從火。從火，即羔字。

前論人事，以「元亨利貞」為四德而分言之。此論天道，以元統亨利貞而合言之。《彖》所謂「乾元」者，即乾氣化之，由始而亨，非別有乾元也。《彖》所謂「利貞」者，即乾元之性情，非別有利貞也。由此觀之，「乾始能以美利利天下」矣。而「不言所利」，豈不大矣哉！四德本一理，或分言以盡其用，或合言以著其體。〔註133〕「太極分而為陰陽，則乾為之始。乾有元亨利貞，則元為之始。」〔註134〕

丘〔註135〕行可曰〔註136〕：「乾以一元之氣，運轉於六虛之中，始而終，終而始。其生出者，元也。其歸宿者，貞也。亨利者，其間之功用也。析而四之則為四時，合而兩之則為陰陽，貫而一之則渾然一元之氣。」

〔註131〕唐鶴徵《周易象義》卷一《乾》第三則（《四庫全書存目叢書》經部第 10 冊，第 246 頁）

〔註132〕朱彝尊《經義考》卷六十八著錄郭季公《郭氏易學集解》二卷。

〔註133〕來知德《周易集注》卷一《乾》：「孔子於《文言》既分『元亨利貞』為四德矣，此又合而為一也，言乾之元者始而即亨者也利貞者則元之性情耳然何以知其元始即亨利貞即元之性情也？惟自其乾元之所能者則可見矣。蓋百物生於春，非亨利貞之所能也，惟元為生物之始，以美利利天下者，則乾元之能也。夫以美利利天下，其所能之德業亦盛大矣。使造化可以言焉，則曰此某之美利也，庶乎可以各歸功於四德矣。今不言所利，人不得而測之。既不可得而測，則是四德渾然一理，不可分而言也。元本為四德之長，故謂亨乃元之始亨可也，謂利貞乃元之性情可也。所以謂『乾元，始而亨。利貞，性情者』，以此乾元之道，不其大哉？四德本一理，孔子贊《易》，或分而言之以盡其用，或合而言之以著其體。其實一理而已，所以可分可合也。」

〔註134〕見沈一貫《易學》卷一《乾》。

〔註135〕「丘」，四庫本作「邱」。

〔註136〕丘富國，字行可，建安人。朱彝尊《經義考》卷三十八著錄其《周易輯解》十卷、《學易說約》五篇。此引文又見胡廣《周易大全》卷一《乾》、張振淵《周易說統》卷一《乾》、錢澄之《田間易學》卷一《乾》。

胡仲虎曰〔註137〕：「釋《彖》曰性命，此曰性情。言性不言命，非知性之本；言性不言情，非知性之用。」

蘇子瞻曰〔註138〕：「情者，性之動也。泝而上至於命，沿而下至於情，無非性者。性之與情，非有善惡之別也。方其散而有為，則謂之情耳。命之與性，非有天人之辨也。至其一而無我，則謂之命耳。」

孔《疏》〔註139〕：「《坤》卦『利牝馬之貞』，他卦『利建侯』、『利行師』、『利涉大川』，皆言所利之事，此止云所利，非止一事而已，故云不言所利。」

大哉乾乎！剛健中，正純粹精也。六爻發揮，旁通情也。時乘六龍，以御天也。雲行雨施，天下平也。

子瞻曰〔註140〕：「卦以言其性，爻以言其情。」「方其無畫之前，隱而未泄。及有三畫之後，泄而未盡。至二體兼備，六爻陳列，然後曲盡其情而無遺也。」〔註141〕

胡仲虎曰〔註142〕：「《彖》言「元亨利貞」屬之乾，《文言》屬之君子，乾之德在君子躬行中矣。《彖傳》言「雲行雨施」屬之乾，《文言》屬之聖人，乾之功在聖人發用內矣。」

張希獻曰〔註143〕：「《彖》言『雲行雨施』，而以『品物流形』繼之，則云雨為乾之雲雨。此言『雲行雨施』，而以『天下平』繼之，則聖人即天，而雲雨乃聖人之德澤也。」聖人文字，亦如雲如雨，不可得而方物矣。

〔註137〕見元・胡炳文《周易本義通釋》卷七《文言傳》。
〔註138〕見蘇軾《東坡易傳》卷一《乾》。
〔註139〕見《周易正義》卷一《乾》。
〔註140〕見蘇軾《東坡易傳》卷一《乾》。
〔註141〕見徐師曾《今文周易演義》卷一《乾》、黃正憲《易象管窺》卷一《乾》。
〔註142〕見胡炳文《周易本義通釋》卷七《文言傳》。
〔註143〕張清子，字希獻，號中溪，建安人。撰《周易本義附錄集注》十一卷。宋・俞琰《讀易舉要》卷四：「建安張清子希獻集注朱子《本義》。清子所集諸家姓氏，如楊彬夫所錄外，有晁說之、李子思、李開、程迥、毛璞、項安世、馮時行、馮椅、趙汝楳、趙汝騰、黃以翼、蔡淵、吳綺十三家。每卦皆有徐進齋、丘行可之注，清子之注則附於其後。」《周易本義附錄集注》，日本有藏，參莫建強《〈周易本義附錄集注〉文獻學研究》（北京大學2013年碩士論文）、謝輝《張清子〈周易本義附錄集注〉的刊刻與流傳》（《古籍研究》2018年第2期）。今收入《日本宮內廳書陵部藏宋元版漢籍叢刊》第2冊。此引文見胡廣《周易大全》卷一《乾》。

君子以成德為行，日可見之行也。**潛**之為言也，隱而未見，行而未成，是以君子弗用也。

此第四段，聖人見《易》中有無窮之蘊，故反覆以盡其義。

「行而未成」，以時位言，非以學問言也。若學問未成，原無可用，這是藏拙。聖人恐藏拙託之於潛，故特如此洗發。

君子學以聚之，問以辯之，寬以居之，仁以行之。《易》曰「見龍在田，利見大人」，君德也。

鄭申甫曰〔註 144〕：「理散，故「學以聚之」。理原聚在心，問以證之，而後知其非在外也。寬者，從容優泳無急迫助長之意。」此寬居貫乎學聚、問辨、仁行之中。所謂緊著功程，寬著意思。大凡急咬則難入，徐嚼則有味也。「仁以行之」一條生意，貫徹連絡而無間也。人身血氣之周流，其行無跡，其至不知隨所靡著，遍體皆是仁之行，亦若是而已。

楊廷秀云：「學以取善，故萬善集；問以擇善，故一不善不入。」洪覺山曰〔註 145〕：「學者，覺也。心覺則聚，不覺則散。」潘去華曰：「學者著察於庸言庸行之間，日覺與我湊泊，所謂聚也。」〔註 146〕

「寬以居之」有二說。有寬大之寬，即張氏所云「心大則百物皆通」〔註 147〕之說；有寬裕之寬，乃優游涵泳、無急迫助長之謂。〔註 148〕

九三重剛而不中，上不在天，下不在田，故乾乾因其時而惕，雖危无咎矣。

〔註 144〕張振淵《周易說統》卷一《乾》云：「理散，故『學以聚之』。理原聚在心，學以證之，而後知其匪在外耳。」又云：「按：寬居有二義：有寬大之寬，即張子所謂『心大則百物皆通』之說；又有寬裕之寬，乃從容優游無急迫助長之意。」未言何人之說。

〔註 145〕程汝繼《周易宗義》卷一《乾》：「洪覺山曰：『學者，覺也。泉翁所謂心覺則聚，不覺則散是也。』」（《續修四庫全書》第 14 冊，第 27〜28 頁）

〔註 146〕焦竑《易筌》卷一《乾》：「學聚問辨，誠齋云：『學以取善，故萬善集。問以擇善，故一不善不入。』南沙云：『學者，覺也。覺之則存，存所謂聚也。』去華云：『學者著察於庸言庸行之間，日覺與我湊泊也，所謂聚也。』三人之言皆可味。」其中，楊萬里之說原見《誠齋易傳》卷一《乾》，潘士藻之說原見《讀易述》卷一《乾》。

〔註 147〕張載《經學理窟·氣質》：「心大則百物皆通，心小則百物皆病。」

〔註 148〕見本節「鄭申甫曰」腳注。

九四重剛而不中，上不在天，下不在田，中不在人，故或之。或之者，疑之也，故无咎。

此二節推原所以憂疑之故。〔註149〕

孔《疏》〔註150〕：「九三位卑近下，向上為難，故曰危，其憂深也。九四去五彌近，前進稍易，故曰疑，其憂淺也。」按：或者，據其跡疑者，指其心。疑是詳審，非狐疑之謂。〔註151〕

虞仲翔曰〔註152〕：「以乾接乾，故重剛。位非二、五，故不中。」何晏曰〔註153〕：「上不及五，故云不在天。下已過二，故云不在人。」

《易徵》曰〔註154〕：「以下體言，三為上位。凡人進一步則增一分傲慢，三則不驕。以二體言，三又為下位。凡人降一等則添一分憂悶，三則不憂。」

胡仲虎曰〔註155〕：「下乾之剛，以二為中，三則重剛而過乎中。上乾之剛，以五為中，四則重剛而不及乎中。過則憂，不及則疑。然憂所當憂，卒於無憂；疑所當疑，卒於無疑。二爻所以无咎。」

管登之曰〔註156〕：「繹重剛不中之義，而知聖人處世之艱難也。凡易之道，剛能下柔，柔能從剛。兩剛不相下，亦不相從，而又無並尊之理，則以居中為尊。二體之中，至尊又在上體，故五獨得行道之時，而二亦得明道之時焉，以其為群陽所宗也。所宗在二、五，則所不宗在三、四與初、上矣。初，潛人所遺也。上，亢人所外也。三、四介在兩乾之間，而俱未得中位，音容已露，威德未孚，岐於相形相軋之衝，而立於多凶多懼之地，正君子難於自見之日。三乘二，難於為見，又不能進而為五之飛也。四承五，難乎為飛，又不能退而為二之見也。人之所宗者在彼，既不能挽之以就此；吾之所守者在此，亦豈能捨此以徇彼？道在我，我不以先人，而人能挾其賢知以侮我；位不在我，我無以馭人，而人能逞其威力以陵我。與賢豪居，學不相師而相等，又不能孑然而離其群也。與凶人居，勢不相容而相制，又不能沛然而決其藩也。

〔註149〕何楷《古周易訂詁》卷一《乾》：「三四二節皆推原所以憂疑之故。」
〔註150〕孔穎達《周易正義》卷一《乾》。
〔註151〕張振淵《周易說統》卷一《乾》：「疑非狐疑之疑，只是詳審耳。」
〔註152〕虞翻，字仲翔，會稽餘姚（今浙江餘姚）人。三國吳國學者。朱彝尊《經義考》卷十著錄其《周易注》。此引文見李鼎祚《周易集解》卷一。
〔註153〕見李鼎祚《周易集解》卷一。
〔註154〕朱彝尊《經義考》卷六十三著錄周晏《易徵》。
〔註155〕見胡炳文《周易本義通釋》卷七《文言傳》。
〔註156〕不詳。

言則人或嘲之，動則人或撓之，將潛則以立異訾之，將見則以干時議之。天道或陰有所予而故奪，人心或默有所移而故驚。信於下或疑於上，譽於遠或毀於邇。弗援弗推，而猶忌其以立德名世；不怨不尤，而猶虞其以得志加人。此皆重剛不中之變態也。當斯際也，遯世不可，易世不可，媚世不可，憤世不可，執經而扞格於世不可，離經而自廢於世不可。雖以大聖人處之，亦難乎其為道矣。然而進德脩業之外，無他法也，故夫子於兩言獨諄諄焉。或疑六爻皆龍德，龍德相與，有何低昂，而三、四多危疑之詞也。曰易道甚圓，統六爻而論，則取其純陽。析三、四爻而論，又嫌其重剛也。」

夫大人者，與天地合其德，與日月合其明，與四時合其序，與鬼神合其吉凶。先天而天弗違，後天而奉天時。天且弗違，而況於人乎？況於鬼神乎？況，從水。俗從氵，非。

「同聲」節釋「利見」，此釋「大人」。

程氏曰〔註157〕：「大人心通天地之先，而用必後天；事起天地之後，而智必先天。先天者，後天之體。後天者，先天之用。」歸熙甫曰〔註158〕：自聖人而言，皆從其心之所欲，初非有所因襲，故曰先天。自天而言，則皆有自然之理，而聖人奉之也，故曰後天。吳因之曰〔註159〕：「『先天』二句總說他橫行直撞，與天為一，故分個先後形容之。」

合德合明，先天後天，都是人心本體，大人特保全之耳，非有加於赤子也。私記。

亢之為言也，知進而不知退，知存而不知亡，知得而不知喪。其惟聖人乎？知進退存亡，而不失其正者，其惟聖人乎？《字書》：喪從哭從亡。《六書正譌》：俗作喪，非。今又從二人，益非矣。

馮奇之曰〔註160〕：「進退者，身也。存亡者，位也。得喪者，物也。」胡仲虎曰〔註161〕：「『潛之為言也』三句釋一『潛』字，而言君子者再，必君子

〔註157〕見潘士藻《讀易述》卷一《乾》、錢澄之《田間易學》卷一《乾》。
〔註158〕見歸有光（字熙甫）《易經淵旨》卷上《乾》。（嚴佐之、譚帆、彭國忠主編《歸有光全集》第一冊，上海人民出版社2015年版，第4～5頁）
〔註159〕吳默，字因之，吳縣人。《經義考》卷六十著錄《易說》六卷。此引文見潘士藻《讀易述》卷一《乾》。
〔註160〕見馮椅《厚齋易學》卷四十八《易外傳第十六·文言》。
〔註161〕見胡炳文《周易本義通釋》卷七《文言》。

而後能潛也。『亢之為言也』四句釋一『亢』字，而言聖人者再，必聖人而後能亢也。」

管登之曰〔註162〕：「五龍皆立於知進知退知存知亡之地，而亢獨不然。以進為正則不顧其退，以存為正則不慮其亡。其進不思退，存不思亡，乃其所以知進退存亡，而不失其正也。非亢不足以見聖人，非聖人不能亢。」「謂亢為非龍而聖人必無死地者，此闇然媚世之學，非龍德也。」〔註163〕

卓去病曰〔註164〕：「亢是勢在艱危，非由身特高峻。聖人當死之時，必不求生；當辱之時，必不求榮；當入山蹈海之時，必不婆娑人世。前頭止有一路，絕無旁曲榛蔚之地可以藏掩，所謂『知進而不知退，知存而不知亡』也。然古來大臣死國，隱士苦節，豈無其人，豈皆神聖所為得正少耳？得正者，質理而順，問心而安，不動意氣，不抗名節，既非智巧，亦非孤憤，平平常常，循循默默，視義如歸，求仁何怨，所謂正也。」

〔註162〕 管志道《周易六龍解》：「非聖人不能亢，非亢不足以見聖人。五龍皆立於知進知退知存知亡知得知喪之地，亢獨不然。進不思退，存不思亡，得不思喪。苟時勢所驅迫，雖至履危蹈盈，蒙讒被謗，冒天下之大不韙，所不辭也。非聖人而能若是乎？然聖人實非知進不知退，知存不知亡者，其道自有在耳。亢之時，以進為正，安得顧其退；以存為正，安得慮其亡。其進不思退，存不思亡，乃其所以知進知退知存知亡，而不失其正也與？五龍易地而處，又不以今之所持為正矣。」
錢澄之《田間易學》卷一《乾》載：「管登之曰：『非聖人不能亢，非亢不足以見聖人。五龍皆立於知進知退知得知喪之地，亢獨不然。亢之時，以進為正，安得顧其退；以存為正，安得慮其亡。其進不思退，存不思亡，乃其所以知進知退知存知亡，而不失其正也歟？五龍易地而處，又不以今日之所持者為正矣。』」

〔註163〕 管志道《周易六龍解》：「『知進而不知退，知存而不知亡，知得而不知喪』者，據其亢之跡。『知進退存亡，而不失其正者』，究其亢之心。玩斯語，則知伊、周處亢尚未履喪亡之地，然聖人固應有喪亡時矣。邵堯夫乃謂聖人無死地，豈未知亢龍之道與？」按：此一節後見於錢謙益《牧齋初學集》卷四十九《湖廣提刑按察司僉事晉階朝列大夫管公行狀曾祖江祖和俱不仕父鷟封承德郎南京兵部車駕司主事母錢氏封安人蘇州府太倉州某鄉某里管公年七十三狀》：五龍皆立於知進知退知存知亡知得知喪之地，而亢獨不然，以進為正則不顧其退，以存為正則不慮其亡。其進不思退，存不思亡，乃其所以知進退存亡而不失其正也。非亢不足以見聖人，非聖人不能亢。伊、周之處亢，尚未履喪亡之地，然聖人固應有喪亡時矣。謂亢為非龍而聖人必無死地者，此後世闇然媚世之學脈，而非龍德也。
《周易玩辭困學記》似據《牧齋初學集》而錄文。其後，清·凌揚藻《蠡勺編》卷一《亢龍有悔》所錄與《周易玩辭困學記》同。

〔註164〕 見卓爾康《周易全書·乾》。（四庫全書存目叢書補編第90冊，第30頁）

進必退，存必亡，得必喪，便不是聖人、亦有知之者，只為將進退存亡得喪看做了利害兩字。利害愈明，胸中愈成障蔽。聖人只據理，所當為時所得為，分所宜為的事猛力向前，未常先留一著以為退步。〔註165〕至於後來或功成名遂而身退，或功大不賞而身危，聖人亦順其自然，未常用一毫機巧，此所謂「知進而不知退，知存而不知亡，知得而不知喪」，此所謂「知進退存亡而不失其正，其惟聖人乎？其惟聖人乎？」私記。

《家語》：鱗蟲三百六十，龍為長。《玄覽》：龍，鹿角、牛耳、駝首、鬼目、蛇項、蜃腹、魚鱗、虎掌、鷹爪。《說文》〔註166〕：龍鱗八十一，具九九之數，能幽能明，能大能小。《瑞應圖》：龍不眾行，不群處，待風雨而行於清氣之中。《韓非子》〔註167〕：龍喉下有逆鱗徑尺，攖之者輒死。《酉陽雜俎》〔註168〕：龍首有一物，狀如博山鑪，名尺木。龍無尺木。不能昇天。補遺。

按：《大象》，李溫陵載於六爻之末，謂義味與卦爻不相屬也〔註169〕，自有所見。然沿襲已久，仍遵舊本。補遺。

坤☷ 坤下坤上

坤：元亨，利牝馬之貞。君子有攸往，先迷，句。後得主，讀。利。句。西南得**朋**，東北喪**朋**，安貞吉。《說文》：坤，從土從申。土位在申，陰起於午，

〔註165〕張振淵《周易說統》卷一《乾》：「按此節全以『知』字作主，然『不失其正』四字，正所以成其知處。蓋進必退，存必亡，便不是聖人。亦有能知之者，只為把利害兩字做了主張，憑他會算計，只是利害以內的意念，只是利害以內的處法。利害越算得明白，胸中越成障蔽。聖人只據理處置，毫不置己私於其間，進存不失進存之正，退亡不失退亡之正。貞元之用，如環無端，非『大明終始，六位時成』者不能，故再言『聖人』以贊之。」

〔註166〕《說文解字·龍》：「鱗蟲之長，能幽能明，能細能巨，能短能長。」宋·李過《西溪易說》卷一《坤》：「故龍之鱗八十一，九九之數也。」

〔註167〕見戰國·韓非《韓非子·說難第十二》。

〔註168〕見唐·段成式《酉陽雜俎》前集卷十七《廣動植之二·鱗介篇》。

〔註169〕李贄《九正易因·讀易要語》：「故世之讀《易》者，只宜取夫子之《傳》詳之，必得其《易》象之自然乃已。不然，寧不讀《易》，不可誤述醫方以傷人也。雖然，夫子在當時亦已知文王之言至精至約，至約至精，非神聖莫能用矣。是故於爻、《象傳》之外，復為六十四卦《大象》，以教後世之君子。余嘗怪其與爻、《象》不倫，每每置而不讀。後思而得之，乃知文王之深於憂患也，故於六十四卦、三百八十四爻，專一發揮神聖心事，不至入險而後悔。而夫子復舉《大象》有言之教，俾鹵莽如餘者得而讀之，亦可以省愆而寡於怨尤。分明是為餘中下之人說法，實與爻、《象》不倫也。」

至申而三。坤三畫皆陰，故從申也。古文作〚〛，象坤畫六斷。劉念臺曰〔註170〕：「陰畫耦者，左畔一畫即陽也，其右乃傚而成之。故陰即陽之餘氣，而坤道即乾道之成者也。」往，從彳從半。半，古封字，謂之其所封之地，故古往字作進。半，隸作主，俗作生，誤。北，從丬從匕。《說文》：從二人相背。俗從土，非。朋本作鵬，象鳳飛之形。鳳飛，群鳥從以萬數，故借為朋黨。字隸變作朋。非月，非月，非月，故斜書之。

《象》曰：至哉坤元！萬物資生，乃順承天。坤厚載物，德合無疆。含弘光大，品物咸亨。牝馬地類，行地無疆。柔順利貞，君子攸行。先迷失道，後順得常。西南得朋，乃與類行。東北喪朋，乃終有慶。安貞之吉，應地無疆。厚，從曰，不從白。含，從今，不從令。

元即乾之元，非坤又有元也。乾主施，坤主受，交接之間，一氣而已。始者，氣之始。生者，形之始。萬物之形皆生於地，而其氣實出於天。坤所生之物，即乾所始之物。同此元亨利貞，乾始之，而坤承之也。〔註171〕《繁露》云〔註172〕：「地出雲為雨，起氣為風，不敢有其功。名必上之於天，曰天風天雨。」臣道、妻道，於此可見。

卦辭「元亨」二句，就地道說。「君子攸往」一句，總起下文，就人道說。「利」字不聯「牝馬」為義，如云「利牝馬之貞」，則坤止有三德矣。所以加「牝馬」字者，馬象乾，而坤言牝馬，明其為乾之配也。「先迷」為一句，「後得主利」為一句。坤道從乾，臣道從君。乾為坤之主，君為臣之主，故先則迷而失道，後順則得所主而不失其常，不失其常則利矣。〔註173〕西方坤、兌，南方巽、離，二方皆陰，與坤同類，故曰「得朋」；東方艮、震，北方乾、坎，二方皆陽，與坤非類，故曰「喪朋」。孔子恐人誤認得喪二字，故釋之曰陰當

〔註170〕見劉宗周《周易古文鈔‧坤》。（吳光主編《劉宗周全集》第一冊，浙江古籍出版社2007年版，第41頁）

〔註171〕何楷《古周易訂詁》卷一《坤》：「元即乾四德之元，非乾有元而坤又有元也。其餘卦中稱元者，一事有一事之元，一物有一物之元，一時有一時之元。總之此乾元也。乾主施，坤主受，交接之間，一氣而已。始者，氣之始。生者，形之始。萬物資坤以生而有形，而其氣實出於天。坤乃以其德之順，上承乎天之施而生之耳。此以上釋卦辭之元。」

〔註172〕漢‧董仲舒《春秋繁露‧五行對第三十八》。

〔註173〕張振淵《周易說統》卷一《坤》：「鄭孩如曰：坤配乾者也，故亦有『元亨利貞』四德。但其所謂四德，即乾之德，乃柔順以承之而有終者耳。有終為健，故曰『利牝馬之貞』。加『牝馬』二字，以明其與乾不同也。『君子有攸往』以下，則人之法坤之德也。陰不為侶，常和乎陽。坤道從乾，乾為坤之主。臣道從君，君為臣之主。故先則迷，而後則得其所主而利矣。」

從陽，所謂得朋者，不過同類為朋耳，亦有何益。惟喪其朋黨，而一心從陽，則有得主之慶，可以有終矣。王輔嗣曰〔註174〕：「陰之為物，必離其黨，之於反，類方可獲吉。」孔仲達云〔註175〕：「以人事言之，象人臣離其黨而入君之朝，女子離其家而入夫之室。」

一卦之義，總是以陰從陽四字。《參同契》言〔註176〕：「雄不獨處，雌不孤居。以明牝牡，竟當相須。假使二女同室，顏色甚姝；蘇秦通言，張儀合媒；推心調諧，合為夫妻，敝髮腐齒，終不相知。」鄭申甫曰〔註177〕：「無成代終，坤之道也。」東方乃貞元之交，歲功於此而終，故曰「乃終有慶」。貞即牝馬之貞。安者，恬然守之，毫無勉強，毫無躁妄，得喪不以動念，所謂安也。如此則坤道全在君子矣，故曰「應地無疆」。「無疆」有二義：一是廣博無疆，一是悠久無疆，總一天之無疆耳。君子法地，地法天。天言御統御之意，地言應效法之意〔註178〕。

曰大，廣言之。曰至，深言之也。黃元公曰〔註179〕：「乾元稱大，坤元稱至。儒者以剛為用，故稱大人。道者以柔為用，故稱至人。」○乾是孔子之學，坤是老子之學。

吳因之曰〔註180〕：「一切好勝客氣，終始一毫不起。如這事未該我做，憑他滿眼風波，按定不動。若論自家分量，便防趨時如赴，決不錯過了機會。除純陽至健之外，旋乾轉坤手段，就是他了。天地間，只有此兩種異人。」李宏甫曰〔註181〕：「乾坤定質，一健一順。此天地之恒性。儒者畫蛇添足，謂健

〔註174〕王《注》見《周易正義》卷一《坤》。

〔註175〕孔《疏》見《周易正義》卷一《坤》。

〔註176〕見《周易參同契・君子好逑章第三十》。

〔註177〕見張振淵《周易說統》卷一《坤》。

〔註178〕此兩句見錢士升《周易揆》卷一《坤》。

〔註179〕見黃伯端（字元公）《易疏》卷一《坤》（《四庫全書存目叢書》經部第23冊，第659頁）

〔註180〕見張振淵《周易說統》卷一《坤》。

〔註181〕李贄（字宏甫）《九正易因》卷上《坤》。（張建業主編《李贄文集》第7卷，社會科學文獻出版社2000年版，第96～97頁）：

乾坤定質，則一健一順。苟責健以順，責順以健，健順皆失其質矣。《乾》、《坤》兩卦，即為反常，非天尊地卑之正理也。乾坤定位，則一夫一婦，苟責夫以婦，責婦以夫，夫婦皆反其分矣。《乾》、《坤》兩卦，總為失位，非君尊臣卑之正道也。是故上天下地，天下之乾坤也；一夫一婦，家家之乾坤也。其位定，故不可反以常；其質定，故不可易以能。聖人之首乾坤也，有以哉！不然，神龍而牝馬之，龍固無所用其飛騰，而引重致遠之役，龍將詘

而不順，則剛躁無成；順而不健，則委靡不振。是責順以健，責健以順也。是馬欲其為龍，龍欲其為馬也。龍馬尚失其本質，又何以語乾坤哉！」或云健之資順，順之資健，天地定理。謂男子欲其為陰，女子欲其為陽不可；謂男子無陰、女子無陽不可。宏甫之說偏矣。予謂陰陽之說不同，有對待者，有流行者，有互藏者，有相濟者。天地、日月、男女，此對待之陰陽也。春秋、寒暑、晝夜，此流行之陰陽也。坎中有火，離中有水，此互藏之陰陽也。急則佩韋，緩則佩弦，沉潛剛克，高明柔克，此相濟之陰陽也。至於乾、坤不與諸緣為偶，一為天下之至健，一為天下之至順，各造其極，此陰陽之至性，不可以道理窺測。儒者所言「健而不順則剛躁，順而不健則委靡」，乃尋常學問之語，非所論於乾、坤也。私記。

「行天者莫若龍，行地者莫若馬。」〔註182〕乾為馬，坤為牝馬，言其為乾之配也。「物之牝者，皆能順陽而行。求其從一而不變者，莫牝馬若也。」〔註183〕北地馬群，每十牝隨一牡而行，不入他群。「又聞之牧者云，牝馬既從牡馬孳尾，他牡欲犯之，輒蹄齧不可近。故物之貞者莫如馬。」〔註184〕

《象》曰：地勢坤，君子以厚德載物。勢，從埶。從幸，非。

天以氣運曰行，地以形載曰勢。〔註185〕

凡以上臨下、以高臨卑者曰勢。地居卑處下，踐履蹂躪污濁靡所不至，而曰勢者，主持載之氣力言也。張西農曰〔註186〕：「《大象》表一『勢』字，

馬。牝馬而神龍之，馬固無所施其負載，而與雲致雨之技，馬何知焉？是故聖人於乾坤獨詳言之。乃世之儒者，畫蛇添足，謂健而不順，則剛躁而不可成；順而不健，則委靡而不可振。吁！果若所云，尚足以稱乾與坤乎哉？夫苟其剛躁而不可成也，而猶可以稱乾焉；委靡而不足為也，而猶可以稱坤焉。則天不成天，地不成地，吾人將何所蓋載也？不知此固至健至順者之所自有，而何用補助於其間也。若健而復濟以順，必非真健者；順而仍加以健，必非至順者。嗚呼！是惡足以識乾坤之正性乎！

〔註182〕見李鼎祚《周易集解》卷二《坤》，稱「干寶曰」。

〔註183〕見項安世《周易玩辭》卷一《坤·牝馬之貞》。

〔註184〕楊簡《楊氏易傳》卷二《坤》：「樓尚書曰：『牝馬最貞，既從牝矣，他牝欲犯之，輒蹄齧不可近，蓋得之牧者云。』」

〔註185〕李開，字去非。《經義考》卷二十二著錄其《易解》三十卷。馮椅《厚齋易學》引錄其說較多。此句見《厚齋易學》卷三十七《易外傳·象上贊》。

〔註186〕見《射易淡詠》卷一《坤》。（《四庫全書存目叢書》經部第27冊，第380頁）。按：《四庫全書總目》卷八「易類存目二」著錄《射易淡詠》二卷，稱：不著撰人名氏，卷端惟題「西農」二字。前有陳慷《索射易書》一篇，稱其

勢豈高下之形哉！君子以厚德載物，載非勝受之謂。言乎其負運也，力不半而功倍者，勢也。其載彌厚，其運彌捷。其激彌逆，其勢彌順。」諸子相曰〔註187〕：「騶虞虎兕並育，芝蘭荊棘並生。封山濬川，不以為德；塹山堙谷，不以為怨。地之厚也，不屑屑於賢愚貴賤之間，不總總於取捨異同之辨，君子之厚也。」

字曰「孝若」。考懌至國朝尚存，嘗與邱象隨等共注李賀《昌穀集》。又書中稱張九山青衣得《射易》半部於虎邱僧舍，乃錄寄尹子求者。考明尹伸字子求，宜賓人。萬曆戊戌進士，官至湖廣布政使。崇禎甲申，張獻忠部賊陷敘州，伸殉節死。此書既云寄伸，則是時伸尚無恙，當為明末人作矣。其說《易》但解六十四卦，每卦但標《象》、《象》及第幾爻字，不列《經》文。大抵皆借經發議，其言辨博自喜，而詞勝於理。又喜作似了非了語，類禪宗之機鋒，殊乏先儒明白淳實之意。每卦之末，各繫以五言古詩一首，以發明一卦之大義，蓋即所謂「淡詠」者。自古以來，亦無此說經之體例也。

《四庫全書存目叢書》所收《射易淡詠》二卷，係湖北省圖書館藏清刻本，不著撰者。崔富章《四庫提要補正》（杭州大學出版社1990年版，第68頁）稱：

按：光緒《杭州府志》卷一百六載「《射易淡詠》四卷，國朝錢塘張遂辰卿子撰。一名《淡窩射易》。……考卿子，一字西農，『孝若』未詳，卷數亦異，附識於此以俟考。」

李榕《民國杭州府志》卷八十六《藝文一》著錄《射易淡詠》四卷，稱：「錢塘張遂辰卿子撰。一名《淡窩射易》，見四庫附存目。」

丁丙《善本書室藏書志》卷三十七著錄《湖上編》《白下編》《蓬宅編》《衰晚編》四卷，稱：「西農張遂辰相期。遂辰又號卿子，本家江西，隨父徙杭州，稱西農，志不忘也。高懷遁跡似嚴君平、鄭子真一流，而文藻勝之。」其著《淡窩射易》，另有丁敬《硯林集拾遺》有《曾波臣鯨繪張卿子隱君小像據真蹟》一詩為證，云：

張公龍鸞徒，及壯丁陽九。射易得無悶，先生有《淡窩射易》之著。肥遯吾所取。絃哥樂三逕，賣藥聊飲酒。清詩括眾妙，往往在人口。苦心託軒岐，活人功肯有。公是韓伯休，名姓到童媼。至今城東偏，委巷籍不朽。嗟餘生也晚，佳人未攜手。虛堂展畫像，低回獲瞻久。衣冠魯諸生，鬚眉杜陵叟。何妨太瘦生，道勝神自厚。儼然高視外，一任雲衣狗。皇天重陰騭，賢者信有後。鄉人愛曾玄，祠官肅尊卣。湖光照栗主，大吏祀先生木主於六一泉。流風被隄柳。庭除有落花，吾願躬一帚。（丁敬《丁敬集》，浙江人民美術出版社2016年版，第139～140頁）

《周易玩辭困學記》於《坤》、《師》、《履》、《豐》各引「張西農曰」一則，《坤》、《師》二則均見《射易淡詠》。可知《射易淡詠》與《淡窩射易》確係一書。

〔註187〕諸燮，字子相，餘姚人。嘉靖乙未進士。傳見過庭訓《本朝分省人物考》卷五十一。潘士藻《讀易述》卷十三錄其說一則。

初六：履霜，堅冰至。六爻有全不露卦名者，凡七卦：《坤》、《小畜》、《泰》、《大有》、《大畜》、《大過》、《既濟》；有偶露一字者，《乾》卦惟九三有「乾乾」二字。

《象》曰：「履霜堅冰」，陰始凝也。馴致其道，至堅冰也。《字書》：古文冰作仌，凝作冰，後人以冰代仌，以凝代冰。歐陽氏曰：俗作氷，止一點，非。陰，古文作仌，從今，聲雲，陰氣之象也。後人加阝。阝即阜字，水之南、山之北也。致，從夊，不從夂。洪邁云〔註188〕：郭京《舉正》三卷雲是王輔嗣韓康伯手寫真本，與世本多有不同，凡二十處，在福州道藏中。今附載於下。《象》曰履霜，下無「堅冰」二字。《魏文帝紀·注》，太史許芝引此句，「履霜」上加「初六」二字，亦無「堅冰」字。

朱元晦曰〔註189〕：「陰陽者，造化之本，不能相無，而消長有常，亦非人所能損益也。然陽主生，陰主殺，則其類有淑慝之分。故聖人作《易》，於其不能相無者，既以健順仁義之屬明之，而無所偏主。至其消長之際，淑慝之分，未常不致其扶陽抑陰之意。蓋所以贊化育而參天地者，其旨深矣。」

王輔嗣曰〔註190〕：「始於履霜，至於堅冰，所謂至柔而動也剛。」干令升曰〔註191〕：「藏器於身，貴其俟時，故陽在『潛龍』，戒以『勿用』。防禍之源，欲其先幾，故陰在三泉，顯以『履霜』。」王伯厚曰〔註192〕：「《乾》初九，《復》也。「潛龍勿用」，即閉關之義。《坤》初六，《姤》也。『履霜堅冰』，即女壯之義〔註193〕。」

「坤本資生，而霜則肅殺之徵。坤始何以象履霜？」〔註194〕「有陽不可無陰，有雨露不可無霜雪，故隕霜不殺，《春秋》必書；桃李冬花，史冊紀異。陽氣發陳，全賴一番寒徹，只在順陽與不順陽耳。若履霜而堅冰不至，便是不順，順則肅殺，即是陽生不順，則陽生變為肅殺。《象》曰『馴致其道』，馬調良曰馴，馴者，順也，馴致其從陽之道。自『履霜』至於『堅冰』，而無不

〔註188〕見宋·洪邁《容齋隨筆》卷五《易舉正》。
〔註189〕見朱熹《周易本義》卷一《坤》。
〔註190〕王《注》見《周易正義》卷一《坤》。
〔註191〕見李鼎祚《周易集解》卷二《坤》。
〔註192〕見宋·王應麟《困學紀聞》卷一《易》。
〔註193〕「義」，《困學紀聞》作「戒」。
〔註194〕潘士藻《讀易述》卷一《坤》：「坤本資生，而霜則肅殺之徵。坤始何以象履霜？陰主殺也，陰氣始結為霜，盛則水凍為氷，故其象履霜，即知堅氷之至。其端甚微，其勢必盛。其初不可不慎也，聖人謹初每類此。」潘氏之說又見張振淵《周易說統》卷一《坤》。

順，所謂得主有常也。初六一爻，總括六爻，與《乾》初同義。」〔註195〕私記。

陰以凝為道，凝又要堅，第如薄冰猶未凝也。不凝便不喚做順。〔註196〕乾初曰「陽在下」，坤初曰「陰始凝」，陽惟下然後能發生，陰惟凝然後能收斂。〔註197〕乾初潛藏，坤初堅凝，此兩爻乃三百八十四爻之根蒂。〔註198〕

胡仲虎曰〔註199〕：「初曰『其道』，上曰『道窮』，由初順習其道以至於窮也。兩『其道』具載始末。經曰『堅冰至』，要其終。傳曰『至堅冰』，原其始。」

呂子木曰〔註200〕：「屋漏之或愧，市朝可得而肆也。宮壼之不肅，敵國可得而致也。『履霜堅冰』，言以漸而著也。」

「凡卦初取象於履，如《履》、如《噬嗑》、如《離》是也。」〔註201〕錢啟新曰〔註202〕：「坤之履，不從春生處起腳，惟從秋霜處起腳。」滴水滴凍，無分毫泮渙，氣力自然堅固，滋味自然深厚。

孫聞斯曰〔註203〕：「直從腳底著實踐。履從霜上，更加凜烈，寒至骨徹，

〔註195〕 錢士升《周易揆》卷一《坤》：「有陽不可無陰，有雨露不可無霜雪，故隕霜不殺，《春秋》必書；桃李冬華，史冊所異。陽氣發陳，全賴一番寒徹，只在順陽與不順陽耳。順則肅殺，即是陽生，不順則陽生變為肅殺，而順不順必須辨之於早。『履霜，堅冰至』，正辨之於早者。履者，牝馬之行，六爻皆其履歷之地。而初為下為足，故以為象。諸卦初爻多取象於履，《噬嗑》、《離》皆是也。《象》曰『馴致其道』，馬調良曰：『馴即牝馬也，致其從陽之道。』自履霜至於堅冰而無不順，所謂得主有常也。初六一爻總括六爻，與《乾》初九一爻同。近說不達馴致之義，以順乃順陰，故有此戒詞。《象》明言順以承天，不承天即逆，何以名順，豈坤道有二順？」

〔註196〕 明・胡居仁《易像鈔》卷六：「陰以凝為道，不凝便不喚做順。……陰始凝，凝又要到堅，第如薄冰猶未凝也。」

〔註197〕 胡居仁《易像鈔》卷六：「乾初曰『陽在下』，坤初曰『陰始凝』。……陽惟下然後能發生，陰惟凝然後能收斂。發生收斂，原只是一氣。」

〔註198〕 胡居仁《易像鈔》卷六：「乾初潛藏，坤初堅凝，此兩爻非止乾坤六爻，乃三百八十四爻全體根基。」

〔註199〕 見胡炳文《周易本義通釋》卷三《坤》。

〔註200〕 見明・呂柟《周易說翼》卷一《坤》。

〔註201〕 見焦竑《易筌》卷一《坤》。

〔註202〕 見胡居仁《易像鈔》卷六。

〔註203〕 胡居仁《易像鈔》卷六：「坤初履霜，脈絡從乾上來。陽極而亢，定是淒之以陰。君父有亢，定是臣子之霜雪，而非臣子之雨露。坤初順始，不從春生處起腳，惟從秋肅處起腳。肅之以陰，而無敢不肅。寒之以霜，而益其為寒。直從腳底著實踐。履從霜上，更加凜冽，寒至骨徹，凍至腹堅。夫是之謂堅

凍至腹堅。原始堅冰，直是霜雪，無非教要終。血戰雖於嫌疑，亦不處是為臣子忠孝之極致。」又曰〔註204〕：「腳根無霜，不秋而凋；面孔無血，見敵輒走。」

孔仲達曰〔註205〕：「易以物象明人事，猶詩人之比喻，或取諸天地，或取諸萬物，或直以人事明義。聖人之意可以取象則取象，可以取人事則人事也。」

朱康流曰〔註206〕：「坤之與乾，陰陽大反。乾取象於冰，坤亦取象於冰者，乾以時令，坤以氣質也。以此知說卦取象，第舉一隅，則剛柔健順雖各有依據，而義可相通，惟變所適。康成、令升之徒既失之膠固，即輔嗣謂『馬取其健牛，取其順』者，亦得其一說，而不得其又一說也。《屯》、《賁》、《明夷》諸卦，以陰爻而稱馬，何取於健？《革》、《既濟》以陽爻而稱牛，何取於順乎？」

六二：直方大，不習無不利。習，《字書》從白，《石經》從日。論字義，從日為當。

《象》曰：六二之動，直以方也。「不習無不利」，地道光也。

柔則曲，六二獨直。柔則刓，六二獨方。柔則小，六二獨大。以六居二，得坤道之正，則無私曲，故直；居坤位之中，則無偏黨，故方。無所不直，無所不方，便是大。塞庵曰〔註207〕：「自其承天之氣，有施即生，更無曲撓曰直。自其因物賦形，整齊畫一曰方。自其厚德載物，配合無疆曰大。」榮枯萬

冰。至爻言『堅冰至』，若天時自至。象言『至堅冰』，乃由人必至之。劈初頭有此霜，嚴至持冰堅大節，何歲寒不可涉，何窮冬有足虞。原始堅冰，真是霜雪，無非教要終。血戰雖於疑嫌，亦不處是為臣子忠孝之極致。然於臣子分義，曾無毫末加也。所由與亂賊有辨唯此坤道之所為順唯此。」

〔註204〕孫慎行，字聞斯，號淇澳，武進人。查繼佐《罪惟錄》列傳卷十三下有傳。《經義考》卷六十著錄其《周易明洛義纂述》六卷、《不語易義》二卷。明‧釋智旭《周易禪解》卷一《坤》：「孫聞斯曰：隕霜不殺菽，冬無冰，《春秋》皆為記異。然時霜而霜，時冰而冰，正令正道以堅冰為至，而至之自初也，如是謂凝謂順。冰畢竟是陰之所結。然惟陽伏於內，故陰氣外迕而為冰。聖人於乾曰冰，明是此處注腳。馴致二字，正表坤德之順處。腳跟無霜，不秋而凋；面孔無血，見敵輒走。」

〔註205〕孔《疏》見《周易正義》卷一《坤》。

〔註206〕見朱朝瑛《讀易略記‧坤》。（《四庫全書存目叢書》經部第24冊，第730～731頁）

〔註207〕錢士升（號塞庵）《周易揆》卷一《坤》：「自其有施即受，有受即生，陽氣到來，更無壅閼，曰直。自其布陽氣於四方，周正圈缺，曰方。自其厚德載物，配合無疆，曰大。直方而坤之至為乾之大矣。」所言有異同。查慎行《周易玩辭集解》卷一《坤》引此，稱「張待軒曰」，誤。

品，乾委成於坤。坤以直方大之德，上承乎天，而毫無造作，所謂「坤以簡能」也，故曰「不習無不利」。

羅近溪曰〔註208〕：「葭灰候氣，時至輒飛。所謂直，即此灰飛之候。大地率土，無分寸缺陷，所謂方也、大也。不疾而速，不行而至，『不習無不利』也。」

凡人惻隱等心，須從動處見得，如石中之火，千年水底，一擊便發。其發也，天機自動，遏抑不住，豈不是直？直是方的原委，何以故人只為私欲阻撓，把自家只點念頭屈抑隱忍，不得自遂，所以做出事來不方正的確。若順其自然，如草木之怒生，江河之初決，孟子所云「無為其所不為，無欲其所不欲」，有何不循規蹈矩之有？故曰「直以方」。以字與而字有別。直便是不習，方便是無不利，「不習無不利」，而謂之「地道光」者。光之為象，大則日月，小則燈燭，無蹤跡可尋，無方隅可限，誠中形外，自然而然。人但見日月星辰為天道之光，不知地之為道，一塊頑土，毫無精彩，卻萬卉於此爭妍，百穀於此告成，與日月光華不相上下，故曰「地道光」。私記。

郝仲輿曰〔註209〕：「人之性體，全在動處見得。枯寂之士，索居離處，省事寡營，謂之習靜。及遇盤錯一步，不可行其究，昏瞶無聊，乃以私智求濟，愈曖昧而失利矣，是未達於六二之動者也。」

胡仲虎曰〔註210〕：「乾五爻皆取象，惟九三指其性體剛健者言之。坤五爻各取象，惟六二指其性體柔順者言之。初、三、五，柔順而不正；四、上，柔順而不中；六、二，柔順中正，得坤道之純者也。」潘去華曰〔註211〕：「《乾》六爻莫盛於五，《坤》六爻莫盛於二。」「又乾五在上，坤二在下，各得天地之本位。」〔註212〕◎《說文》：「習，鳥數飛也。」《增韻》：「習者，服行所傳之業，熟復不已也。」

〔註208〕不詳。

〔註209〕見郝敬《周易正解》卷二《坤》，無「人之性體，全在動處見得」一句。張振淵《周易說統》卷一《坤》引「葉爾瞻曰」，中有「性體全在動處見得」。

〔註210〕見胡炳文《周易本義通釋》卷一《坤》。

〔註211〕見潘士藻《讀易述》卷一《坤》。董真卿《周易會通》卷二《坤》、胡廣《周易大全》卷二《坤》、明·葉良佩《周易義叢》卷一《坤》、張振淵《周易說統》卷一《坤》、清·程廷祚《大易擇言》卷二《坤》引此，均注為馮椅之說。語見馮椅《厚齋易學》卷五《坤》。

〔註212〕潘士藻《讀易述》卷一《坤》：「按：《乾》以九五為主爻，《坤》以六二為主爻。蓋二卦之中，惟此二爻既中且正。又五在天爻，二在地爻，正合乾坤之本位也。」

六三：含章可貞，或從王事，無成有終。

《象》曰：「含章可貞」，以時發也。「或從王事」，知光大也。

凡爻象居上則艱，處剛則厲，事終則勞。六三兼而有之，三之多凶可知矣，故聖人獨詳言之。陽德為美，陰德為含，三位陽而質陰，內含章美之象。或者疑含章非正，故教之曰「可貞，或從王事」，即可貞之義，而指事以告之。「或」者，不敢自決之詞。「從」者，不敢造始之意。看他恂恂不能言，斷斷無他技，何曾有半點專成，到底有個結果。國家大事都靠著他，「無成有終」，多少作用在天始地終、君始臣終〔註213〕，無成則有終，有成則無終矣。無成者，無智名勇功之謂。作傳聖人懼人之誤認「可貞」，而一意株守也，故申之曰「以時發」。發則如矢在弦，一往破的，不可復御。時則相機而動，或先或後，不差瞬息。非「含章」，聖人其孰能之？識得透曰光，見得遠曰大。含章之人，其於王事必有遠大識見，決不沾沾然露才揚色，敗國家大事。光大是無成有終本領。

呂伯恭曰〔註214〕：「程《傳》謂『惟光大故能含晦』，此極有意味。尋常人慾含晦者，只去鋤治驕矜，深匿名跡，然愈鋤愈生，愈匿愈露，蓋不曾根本卜理會。才有一功一善，便無安頓處。譬如缾小水多，雖抑遏閉固，終必泛溢。」下卦猶未竟也，曰無成。居下卦之終，曰有終。

胡仲虎曰〔註215〕：「《乾》九四陽居陰，《坤》六三陰居陽，故皆曰或。三多凶，聖人於《乾》、《坤》第三爻，其辭獨詳焉。」

羅中庵曰〔註216〕：「賈誼於漢文時痛哭流涕，則非含章，非以時發者矣。如信、越未王，張良以期會不至而後言；諸侯謀反，以沙中偶語而後言；西都關中，以婁敬先發而後言，此所謂以時發。」

六四：括囊，无咎無譽。

《象》曰：「括囊无咎」，慎不害也。害，《字書》從丯，《石經》從丰。俗從主，非。

〔註213〕楊簡《楊氏易傳》卷二《坤》：「『或』之為言，無必之辭也，無成無終亦不可也。『無成有終』，臣之道也。天始地終，君始臣終，道之常也。」
〔註214〕見呂祖謙《東萊集》別集卷十二《讀書雜記一・讀易紀聞》。
〔註215〕見胡炳文《周易本義通釋》卷一《坤》。
〔註216〕不詳。

「咎與譽，人之所不能免也。出乎咎，必入乎譽；脫乎譽，必懼乎咎。」〔註217〕然无咎難，無譽尤難。人不欲與草木同腐，豈無一時一事之譽？「卒之進不容於朝，退不容於野，皆譽所致也。」〔註218〕「四在重陰之中，多懼之地，才智鋒鍔稍稍穎出，皆足以招尤而賈禍，故言『慎不害』。非慎，則害必隨之矣。潛龍以不見成德，管寧所以箴邴原也；全身以待時，杜襲所以戒繁欽也。」〔註219〕

錢啟新曰〔註220〕：「若以三柔居剛而謂之含，則初與五亦可稱含。若以四柔居柔而謂之括，則二與上亦可稱括。」**顏應雷**曰：三、四兩爻，體在重陰，乃天地閉塞之會。位居卦中，又深藏不見之地。「含章」、「括囊」，以此取義。**蘇子瞻**曰〔註221〕：「夫處於上下之交者，皆非安地也。乾安於上，以未至於上為危，故九三有「夕惕」之憂。坤安於下，以始至於上為難，故六四有『括囊』之慎。」

朱康流曰〔註222〕：「乾初九曰『勿用』，坤六四曰『无咎無譽』，總以淡泊寧靜為安身立命之本。無然畔援，無然欣羨，而御天應地之德業不外此矣。一部《易經》，此義為主，故曰聖人以此洗心，退藏於密。」

六五：黃裳，元吉。

《象》曰：「黃裳元吉」，文在中也。

卓去病曰〔註223〕：此爻取象甚廣。「以聖人言，文王之徽柔；以人君言，周成之守成；以人臣言，夔、契之中和；以母后言，太姒之貞靜。」

乾剛坤柔，天開地闢之卦，各一世界，各一性體，各一作用。乾九五「飛龍在天」，坤六五「黃裳元吉」，謂坤無君位者非也，謂黃裳為戒詞者非也。乾為玄，坤為黃。乾為衣，坤為裳。坤之與乾，絕無低昂。黃，中色。裳，下飾。

〔註217〕見蘇軾《東坡易傳》卷一《坤》。
〔註218〕黃正憲《易象管窺》卷一《坤》：「聶氏曰：『天下無道，咎足以召禍，而譽尤足以召禍。故進不容於朝，退不容於野者，皆譽之所致。』」
〔註219〕焦竑《易筌》卷一《坤》：「无咎難，無譽尤難。蓋四在重陰之中，多懼之地。才智鋒鍔稍稍穎出，皆足以招尤而賈禍，故言『慎不害』也，非慎則害必隨之矣。伯厚曰：『潛龍以不見成德，管寧所以箴邴原也。全身以待時，杜襲所以戒繁欽也。故曰『括囊，无咎無譽』。』」
〔註220〕見胡居仁《易像鈔》卷六。
〔註221〕見蘇軾《東坡易傳》卷一《坤》。
〔註222〕見朱朝瑛《讀易略記·坤》。(《四庫全書存目叢書》經部第24冊，第731頁)
〔註223〕見卓爾康《周易全書·坤》。(四庫全書存目叢書補編第90冊，第41頁)

六五以陰居尊，中順之德充諸內而見於外，故其詞如此。「元吉」與「大吉」不同。「元吉」者，大善之吉也，蓋吉有大而未必善者。〔註224〕

爻言「黃裳」，似致飾於聲名文物之間者，故循本以論而云「文在中」。五曰「在中」，為君者固非貴於鋪張之飾。三曰「含章」，為臣者亦無樂乎華藻之工。闇然意味，溢於言表。

此《象傳》言中之始。道莫妙於中，故聖人就位之中而發明之，或言剛中，或言柔中，或言得中，或言中行，或言中正，此皆據理論事而質言之者也。如《坤》之「文在中」，《需》之「衍在中」，《小畜》之「牽復在中」，《泰》之「中心願」，《大有》之「積中不敗」，《謙》之「中心得」，《困》之「中有慶」，此皆雙關二義，鏡花水月，難以刻舟求也。私記。

郝仲輿曰〔註225〕：「程正叔以坤六五為尊位，不可以人臣當之。夫五之為尊位也，象耳，非五本名君也。君有五，臣亦有五；夫有五，妻亦有五。無人無五，無物無五，無事無五，未可拘拘論也。」

上六：龍戰於野，其血玄黃。

《象》曰：「龍戰於野」，其道窮也。

干令升曰〔註226〕：「陰在上六，十月之時也。爻終於酉，而卦成於乾。乾體純剛，不堪陰盛，故曰『龍戰』。郭外曰郊，郊外曰野。坤位未申之維，而氣溢西戌之間，故曰『於野』。」

胡仲虎曰〔註227〕：「不言陰與陽戰，而曰『龍戰於野』，與《春秋》『王師敗績於茅戎』、『天王狩於河陽』同一書法。初曰『冰至』，防『龍戰』之禍於其始。上曰『龍戰』，戒『堅冰』之禍〔註228〕於其終。」王介甫曰〔註229〕：「陰盛於陽，故與陽俱稱龍。陽衰於陰，故與陰俱稱血。」

蘇君禹曰〔註230〕：「陽為理，陰為欲。天理人慾交戰於中，必力戰以勝之，所謂戰勝則肥也。『其血玄黃』，直是血戰。血戰，斯無不克。人惟甘自屈

〔註224〕俞琰《讀易舉要》卷一《卦爻之占辭》：「元吉與大吉，同歟？異歟？曰：元吉者，吉之第一最大而又盡善也。蓋其始焉本吉，非轉凶而為吉也。」

〔註225〕見郝敬《周易正解》卷二《坤》。

〔註226〕見李鼎祚《周易集解》卷二《坤》。

〔註227〕見胡炳文《周易本義通釋》卷一《坤》。

〔註228〕「禍」，《周易本義通釋》作「至」。

〔註229〕見馮椅《厚齋易學》卷五《坤》。

〔註230〕蘇濬《生生篇·坤》。（《四庫全書存目叢書》經部第13冊，第17頁）

於物慈而不戰，戰而不力，宜乎敗亡。『其血玄黃』，猶言血流漂杵，武王未嘗有傷可知。」管登之曰〔註231〕：「吾人德性有小疵，氣質有微滓，便是血。涵養德性，陶鏈氣質，便是戰。」

蔡子木曰〔註232〕：「坤六爻，初言坤之幾，二言坤之德，三言坤之分，四言坤之時，上言坤之極，而五為君道。」

用六：利永貞。

《象》曰：用六永貞，以大終也。

王《注》：「用六之利，利永貞也。」《注》蓋為用六者言也。晦庵謂〔註233〕：「陰柔不能固守，變而為陽，則能永貞。」夫永貞者，永此牝馬之貞，謂其不變也。變而為陽，則牝馬變為飛龍，即是不能固守。不能固守，即是不能永貞。乃既曰不能固守，又曰變而為陽，則能永貞者何也？《文言》明言「至柔動剛，至靜德方」，而反謂陰柔不能固守乎？不能固守，此血氣之偏，人慾之私，非坤之柔也。六者，坤之柔也。用坤之柔，當法坤之貞。坤之貞，即牝馬之貞。牝馬之貞，行地無疆者也。長永貞，固隨他大疑大難，只是含章，只是括囊，只是黃裳，到底不變顏氏。所謂「國有理亂，而臣懷不二之心；家有廢興，而子竭無方之力；夫有順逆，而婦堅從一之節」〔註234〕也。《象》曰「以大終」，大謂陽能左右之，曰以輔助乾剛，使萬物各正保合。所謂「以大終」也，終即「乃終有慶」、「無成有終」之「終」。乾統坤主元，故曰「資始」。坤承乾主貞，故曰「大終」。私記。

鄒艮齋曰〔註235〕：「《易》始於乾坤，亦盡於乾坤，人都說乾為天、坤為地，不知此持其影像之大者耳。又說乾健坤順、乾易坤簡，畢竟健順易簡是何物，莫隨俗單認造化上去也。造化總在人心，大抵一念不起，萬化託根即為乾；一念才動，天機順處即為坤。乾是欛柄在我，先天而天弗違，自誠明

〔註231〕不詳。

〔註232〕見蔡汝楠（字子木）《說經劄記》卷一《說易記》。（《四庫全書存目叢書》經部第149冊，第17頁）

〔註233〕見朱熹《周易本義·坤》。

〔註234〕潘士藻《讀易述》卷一《坤》：「顏鯨《義林》曰：『陰道柔而難常，故用六之道在常永貞固。是故國有理亂，而臣懷不二之心；家有廢興，而子竭無方之力；遇有險夷，而婦堅從一之節。其義一也。』」

〔註235〕鄒夢遇，字子祥，一作元祥，號艮齋，樂平（今江西樂平）人。楊簡《慈湖遺書》卷五有《鄒元祥墓碣》。《宋元學案》卷七十四有傳。

之學問；坤是率由惟天，後天而奉天時，自明誠之學問。總之，乾始坤成，乾統坤而坤順乾，故後天妙用全在先天中具，先天靈機全在後天中見。分之有二，合之惟一，本體在此，工夫在此，是謂盡性至命之學。」

《文言》曰：坤至柔而動也剛，至靜而德方。後得主而有常，含萬物而化光。坤道其順乎，承天而時行。《石經》：「至靜而德」下旁注一「也」字。

天一晝夜行九十餘萬里，日往月來，風雲雷雨雜然交作。至於地之為道，居卑處下，何其柔；寂然不動，何其靜；時至氣到，萬物怒生，何其剛；因物賦物，桃紅李白，亙古不變，何其方！總之，只是一順，只是一「承天時行」而已。私記。

程《傳》〔註236〕：「動剛故應乾不違，德方故生物有常。」

鄧潛谷曰〔註237〕：「《彖》『先迷後得主利』，語本自相足。《彖傳》言『先迷』，不言『主利』，又不正言『後得』，獨以『後順得常』一語括之。蓋以順表利，以後順表後得也。《文言》不言『先迷』，不正言『後得主利』，獨言『後得』，主明居後。主利，則主得其主，而主利為得主，得主為後得之義。」

積善之家，必有餘慶。積不善之家，必有餘殃。臣弒其君，子弒其父，非一朝一夕之故，其所由來者漸矣，由辯之不早辯也。《易》曰「履霜，堅冰至」，蓋言順也。辨，《石經》作「辯」。

郭相奎曰〔註238〕：「善貴積。積善於一人，止於其身。積善於一家，善不止一人，亦不止一世。不善忌積。積不善於一人，亦止於其身。積不善於一家，不善不止一人，亦不止一世。故慶曰餘慶，殃曰餘殃。又曰：積善之家，父慈子孝，兄友弟恭，無一小人厠其間，即有亦能辨之。積不善之家，舉家都是小人，不識善為何物，不善為何物。大奸似忠，大詐似信，誰能辨之？辨之在積善。」

張彥陵曰〔註239〕：「積善積不善，特發於坤初者，善莫大於陰，不善亦莫大於陰也。」

〔註236〕見程頤《伊川易傳》卷一《坤》。
〔註237〕鄧元錫，號潛谷。《經義考》卷五十五其《易經繹》五卷。此引文見張振淵《周易說統》卷一《坤》，稱「《經繹》曰」。
〔註238〕兩則均見郭子章（字相奎）《郭氏易解》卷二《坤論二》。（謝輝點校，上海古籍出版社 2017 年版，第 20～21 頁）
〔註239〕張振淵《周易說統》卷一《坤》：「彥陵氏曰：『餘慶餘殃必之於所積，而特發於坤初，德莫大於陰，禍亦莫大於陰。』」

呂伯恭曰〔註240〕：「善如何得積？惡如何得不積？肉羶則蟻聚，醯酸則蚋聚。若胸中有容著善處，善自然積；無容著惡處，惡自然不積。」

《彖》曰「乃順承天」，《文言》曰「坤道其順」，坤之至善莫善於順。初六一爻獨惡其順，何也？積善之家，子順其父，妻順其夫，此順之善者也。積不善之家，父順其子，夫順其妻，此順之不善者也。同一順也，而善不善若此，是不可以不辨。辨之早則父慈子孝，必有餘慶；辨之不早，則弒父弒君，必有餘殃。《易》曰「履霜，堅冰至」，蓋言順也，欲其辨之早也。私記。

郝仲輿曰〔註241〕：「天下之事，逆者易防，順者難知。陰之侵陽也，順其消以自長也，順其虛以自盈也。陽日消日虛而不知。夫非以其順之，故與亂臣賊子篡位竊國，其術靡不由此。」

直其正也，方其義也。君子敬以直內，義以方外，敬義立而德不孤。「直方大，不習無不利」，則不疑其所行也。

李子思曰〔註242〕：「乾九三言誠，坤六二言敬，誠敬者，乾、坤之別也。先儒誠敬之學起於此。乾九二言仁，坤六二言義，仁義者，陰陽之辨也，先儒論仁義之用取諸此。」

爻詞論本體，以成德言；《文言》論工夫，以入德言。

沈氏曰〔註243〕：「《乾》之九二從謹信始，《坤》之六二從直方始，檢身於矩矱之中，不尚圓通，此立誠之法、主敬之實也。」

楊敬仲曰〔註244〕：「爻詞曰直曰方，本無虧欠，本自明白。聖人慮學者誤認，故申解之。非直之外又有正，方之外又有義也。曰內曰外，不過隨眾言之。道何內外之有？所行不疑者，如天地之變化，雷霆交作，風雨散施，天地何疑之有？吾亦何疑之有？」

聖人恐人以率意徑行為直，而無所顧忌也，故釋之曰。經所謂「直」，乃心無邪曲，非率意徑行之謂也。又恐人以拘攣固執為方，而多所枘鑿也，

故釋之曰。經所謂「方」，乃處置合宜，非拘攣固執之謂也。真似異同之【間〔註245〕，毫釐千里，故剖析若此。私記。

陳器之曰〔註246〕：「敬是豎起精神，不令放倒，即正中之警惕；義是把吾心做箇應事尺寸，區處停當，毫不差謬，即敬中之條理。」

鄭申甫曰〔註247〕：「用義而非敬以主之，則私意易起，將流於穿鑿；用智之為徒敬，而非義以裁之，則割制無法，無以盡神化變通之妙，皆所謂『孤』也。」

程敬承曰〔註248〕：「『立』字最難體認。人只有一心，被許多人慾牽扯，便覺立腳不住。內直則旁引不得，外方則移易不得，更無東西走作去處，是之謂『立』。」

「不孤」二字說得奇特有味，似預為後世禪寂一路而發。蓋「敬以直內」，此心提起，不染世塵，未免落空寂一路。到臨事接物時，喜靜惡動，伸手縮腳，無經濟學問，就像雙手空拳，無幫手的一般，所謂孤也。敬義並立，內外交濟，堯舜之禪讓，湯武之征誅，信心而行，何疑之有？私記。

王伯安曰〔註249〕：「敬，即無事時義；義，即有事時敬。孔子言修己以敬，即不須言義。孟子言集義，即不須言敬。會得】時，橫說豎說工夫，總是一般。若泥文逐句，不識本領，即支離決裂工夫，都無下落。」

陰雖有美，含之以從王事，弗敢成也。地道也，妻道也，臣道也。地道無成，而代有終也。何氏曰：「陰雖有美」絕句，「含之」二字屬下句。

〔註245〕自「間」至下「王伯安曰」中「會得」，四庫本注「原缺」，今加【】以明起止。
〔註246〕見張振淵《周易說統》卷一《坤》。
〔註247〕出處不詳。按：元·梁寅《周易參義·周易文言傳卷七》：「坤之直者，以其正之主乎內也。坤之方者，以其義之形於外也。君子體坤之道，於是主敬以直乎內，守義以方其外直者，直上直下之意，言無一毫之私曲也。方者，截然方整之意，言事之一定而不易也。敬、義二者並立不廢，則體用相涵，表裏交正，其德盛大而不孤矣。若有義而無敬，則無以主乎內，而義或非其義。皆所謂孤也。敬義立而德不孤，則盡坤之道，不待學習而自無不利。其所行者，將沛然其莫之過矣，而焉有疑乎？」
〔註248〕見張振淵《周易說統》卷一《坤》。按：原出程汝繼《周易宗義》卷一《坤》。（《續修四庫全書》第14冊第40頁）
〔註249〕明·徐問《讀書箚記》卷五：「又曰：敬即無事時義，義即有事時敬。兩句合說一件與，敬以直內，義以方外，意相背。大抵聖賢說道理有本原，有作用，理無二致而用功則有先後，故其次序如四時之不可易。若欲打滾一處，或倒做了工夫，恐於道難入也。」

宋衷曰〔註250〕：「臣子雖有才，美含藏以從其上，不敢有所成名也。地代終天功，臣代終君事，婦代終夫業，故曰『代有終』。」

楊用修曰〔註251〕：「不言子道者，子有時為父，地無時為天，妻無時為夫，臣無時為君也。」

爻言「有終」，《文言》釋之曰「代有終」，則並其終，亦非坤之所自有矣。〔註252〕

天地變化，草木蕃，天地閉，賢人隱。《易》曰「括囊，无咎無譽」，蓋言謹也。

鄭申甫曰〔註253〕：「陰遇陽則為天地交，陰遇陰則為天地閉。」呂伯恭曰〔註254〕：「人與天地萬物同是一氣，泰則見，否則隱，猶春生秋落，氣至則應，間不容髮，初不待思慮計較也。若謂相時而動，則已作兩事看。所以獨稱賢人者，氣至而覺，獨賢人而已。」

黃葵峰曰〔註255〕：「天地變化，非春夏發生之謂也，仲舒所謂『陰陽調，風雨時』者也。天地閉，非秋冬肅殺之謂也，仲舒所謂『政多紕繆，陰陽不調』者也。」吳幼清曰〔註256〕：「『草木蕃』者，《召南・序》謂『朝廷既治，庶類蕃殖』是也。『賢人隱』者，《洪範》所謂『百穀用不成，俊民用微』是也。」項平庵曰〔註257〕：「草木且蕃，況於人乎？言盛者，要其終也。賢人隱，則物從之矣。言衰者，記其始也。」

君子黃中通理，正位居體。美在其中，而暢於四支，發於事業，美之至也。

朱康流曰〔註258〕：「『正位居體』，位謂五之位，體謂六之體也。以陰居

〔註250〕見李鼎祚《周易集解》卷二《坤》。
〔註251〕楊慎，字用修。《經義考》卷五十二著錄其《易解》一卷。此引語見楊慎《升菴集》卷四十一《地道無成》。
〔註252〕此一節見張振淵《周易說統》卷一《坤》。
〔註253〕不詳。
〔註254〕見呂祖謙《東萊集》別集卷十二《讀書雜記一・讀易紀聞》。
〔註255〕黃光昇，字明舉，別號葵峰，晉江人。嘉靖八年進士。《閩中理學淵源考》卷六十一有傳。《經義考》卷五十四著錄其《讀易私記》。
〔註256〕見元・吳澄（字幼清）《易纂言》卷九《文言傳》。
〔註257〕見項安世《周易玩辭》卷一。
〔註258〕見朱朝瑛《讀易略記・坤》。（《四庫全書存目叢書》經部第24冊，第733頁）

陽，以卑居尊，或形靜而好躁，質弱而愛剛，則不能以自安矣。六五順德守中，故能正其尊位而無愧，居其柔體而不遷也。」

陰疑於陽必戰，為其嫌於無陽也，故稱龍焉。猶未離其類也，故稱血焉。夫玄黃者，天地之雜也。天玄而地黃。

鄭申甫曰〔註 259〕：「『陰疑於陽必戰』，是陰與陽交戰也。交戰而獨曰龍戰者，是時陰處其盛，目中已無陽矣。為其嫌於無陽也，故獨稱龍為戰，若曰陰犯順而龍戰之。以討陰之義與陽，不許陰為敵也。」於陽氣衰微陵替之際，尊而號之曰龍，猶《春秋》書「天王狩河陽」、「公在乾侯」之意。

張雨若曰〔註 260〕：「『為』字、『嫌』字、『故稱』字，皆闡發周公之意。稱龍則存陽之名，以扶其衰。稱血則彰陰之類，以抑其盛。玄黃雜，明陰之無利於抗陽，玄黃分見陰陽定分，終不可得而易。」

張彥陵曰〔註 261〕：「稱名〔註 262〕不是存空名之說，世界不可一日無陽，雖當重陰固結之時，若無一點真陽，如何收斂得住？若謂止存空名以扶其衰，則與之戰者當是何物？」又曰〔註 263〕：「陰而敢與陽戰，忘卻自家本等矣，故以『未離其類』點醒他，謂之曰『血』，則受傷者反在陰矣。」「天玄地黃，即在『雜』字看出。當其雜也，玄黃似乎莫辨，而不知即雜之中，定分原自如此。所以欲無陽而陽卒不可無，欲離類而類卒不可離，陽得聲其罪而伐之也。」〔註 264〕

錢啟新曰〔註 265〕：「天地解而雷雨作，天地之正也。不解為雨，而流為血，雜玄雜黃。或為忠義剖肝畢命之血，或為庸豎駢首就戮之血，或為生靈肝腦塗地之血。」爻詞不過八字，《文言》釋之，一句一字，俱有無窮義味。所以學《易》者，但向詞中會文切理，逐字還他下落，便覺羲皇去人不遠。

〔註 259〕見張振淵《周易說統》卷一《坤》。
〔註 260〕見張振淵《周易說統》卷一《坤》。
〔註 261〕見張振淵《周易說統》卷一《坤》。
〔註 262〕「名」，《周易說統》作「龍」。
〔註 263〕見張振淵《周易說統》卷一《坤》。
〔註 264〕見張振淵《周易說統》卷一《坤》。
〔註 265〕見錢一本《像象管見》卷一上《坤》。

《周易玩辭困學記》卷二

屯☳震下坎上

屯：元亨，利貞。勿用有攸往，利建侯。《說文》：「屯，難也。艸木之初生，屯
然而難。從中貫一。一，地形也。尾曲。」象艸木未出土形。陟倫切。中讀作徹。

《彖》曰：屯，剛柔始交而難生。動乎險中，大亨貞。雷雨之動滿盈。
天造草昧，宜建侯而不寧。

王汝中曰〔註1〕：「氣始交未暢曰屯，物勾萌未舒曰屯，世多難未泰曰屯。」

朱元晦曰〔註2〕：「始交謂震，難生謂坎。動，震之為也。險，坎之地也。
雷，震象。雨，坎象。草，雜亂。昧，晦暝也。陰陽交而雷雨作，雜亂晦暝塞
乎兩間。天下未定，名分未明，宜立君以統治，而未可遽謂安寧之時也。」

「險在下，震從上動，動之易，故解。險在上，震從下動，動之難，故
屯。」〔註3〕

乾坤初闢，剛柔始交，正是清氣始交未暢曰屯，物勾萌未舒曰屯，世多
難未泰曰屯。寧世界，卻便逢險難，作《易》者、讀《易》者亦大苦矣。所仗

〔註1〕見王畿《大象義述》（《王畿集》第654頁），然此說非其首創。楊萬里《誠齋
易傳》卷二《屯》：「物勾萌未舒曰屯，氣始交未暢曰屯，世多難未泰曰屯。」
馮椅《厚齋易學》卷六《屯》、董真卿《周易會氣始交未暢曰屯，物勾萌未舒
曰屯，世多難未泰曰屯。通》卷二《屯》、胡廣《周易大全》卷二《屯》、張振
淵《周易說統》卷二《屯》、查慎行《周易玩辭集解》卷二《屯》均稱楊萬里
之說，引作「」
〔註2〕見朱熹《周易本義》卷一《屯》。
〔註3〕見胡居仁《易像鈔》卷六。

—89—

者，能動之人耳。「動乎險中」，險非獨言時勢。不入虎穴，不得虎子，冒險而動，着着皆險。唐高祖所謂「化家為國由汝，破家亡國由汝」也。雷雨滿盈，借雷雨發揮動時作用。「湮鬱之久，非小雷小雨能破。」〔註4〕山川震盪，日月晦暝，所謂「非嘗之原，黎民懼焉」者也。非大雷大雨不出聖人，非聖人不能為雷為雨。造化人事，相與有成如此。「勿用有攸往」，言不必講求他策，只願聖人蚤即大位，便可濟世安民。《本義》云「未可遽有所往」，迂遲濡緩，非動時機括。《彖傳》於此不下注腳，謂所重不在此句也。此裁剪之法，不寧補《彖詞》未備之意。震為長子，帝出乎震，侯之象，侯即帝也。不曰帝而曰侯者，避嫌之語。私記。

萬物始生，必冒險難而出。草木之生，必有甲有核；胎卵之生，必有包有殼。甲核包殼，皆險中也。坼甲、穿核、破包、蛻殼，皆「動乎險中」也。〔註5〕

屯者，盈也，物之始生也。乾坤初闢，元氣未漓，黃帝、堯、舜之世，非湯武之世也，故以元亨利貞四德歸之。此時更無他事，惟作之君，作之師，萬世太平，從茲而起。此文王繫辭之初意也。至周公繫爻，孔子釋彖，則相攻相取，純是湯、武氣象矣。四聖作《易》，先後一揆，中間亦微有辨。私記。

李子思曰〔註6〕：「乾坤之後，震坎合而成屯。蒙三男用事，作君作師，乾父坤母之權有所託矣。」

乾坤二卦，贊辭皆言陰陽，不言剛柔。自屯以後，皆言剛柔，不言陰陽。

元亨利貞，在乾坤為四德，餘卦皆以大釋元，而於《屯》發其例。曰「大亨貞」，三德已具。而以宜釋利，曰「宜建侯而不寧」。

《象》曰：雲雷屯，君子以經綸。

雲氣鬱蒸，雷聲隱隱，欲雨未雨，正精神停畜之時，屯之象也。君子當屯之時，躊躇顧盼，何以戡定四方？何以整頓人倫？何以垂法後世？多方經營，胸中如雲雷之摩蕩，此經綸之象也。杜工部《畫馬歌》云：「詔謂將軍拂

〔註4〕沈一貫《易學》卷一《屯》：「雷震象，坎坎象。陰凝之久，非小雷小　輒能破之。」

〔註5〕此一節見胡居仁《易像鈔》卷六。

〔註6〕出處不詳。明·金賁亨《學易記》卷二《屯》：「乾坤之後，震坎繼而為屯，艮繼而為蒙，三男用事也。」

絹素，意匠慘淡經營中」，正是此等意思。《彖傳》寫其磅礴之勢，則曰雷雨；《大象》摹其經營之意，則曰雲雷。聖人談象，隨手拈來，闡發名理，未嘗拘拘為刻舟之求也。私記。

馮元敏曰〔註7〕：「先定規模，次及事業。大綱既舉，萬目畢張。所謂經綸也。經者，綜其緒而分，象雷之自斂而發。綸者，理其緒而合，象雲之自散而聚。」

初九：磐桓，利居貞，利建侯。

《象》曰：雖「磐桓」，志行正也。以貴下賤，大得民也。

卦中二陽皆可為主，但五坎體，陷而失勢；初震體，動而得時。故初又為震主，六爻皆從初立意。〔註8〕

王輔嗣曰〔註9〕：「屯難之世，陰求於陽，弱求於強，民思其主之時也。初處其首，而又下之，故有此象。」

以磐桓為難進者，非也。《彖》言「動乎險中」，不可謂之難進。磐，礎也，有奠安義。桓，柱也，有撐駕義。「初以陽剛為卦主，故象磐桓，見非磊塊小器枝梧細材之輩。」〔註10〕爻詞恐其自恃才大，輕有舉動，不徒曰利貞，而曰「利居貞」。居者，堅定凝固之意。行一不義，殺一不辜，而得天下，皆所不為，此帝王所以異於英雄者也。象則因其位正，特加闡發，曰「雖磐桓，志行正」。論其手段，掀天揭地，何事不辦；論其主意，濟世安民，無一苟且。輔嗣云：「安民在正，守正在謙。」初以一陽居眾陰之下，凡巖棲之士、煢獨之人，無一不延攬，無一不矜恤，以貴下賤如此，民舍此安之乎？得民不必言，且大得民也。濟屯以得民為本，得民便利建侯。卦言「利建侯」者，其事也，利於建初以為侯也。爻言「利建侯」者，其人也，初之才利建以為侯也。

〔註7〕此引文見何楷《古周易訂詁》卷一《屯》，未言何人之說。按：馮時可（字元敏）《易說》卷一《屯說上》：「經者，綜其緒而分，象雷之自斂而發。綸者，理其緒而合，象雲之自散而聚。」另，張浚《紫岩易傳》卷一《屯》：「先定規模，次興事業，經綸也。」

〔註8〕此一節見焦竑《易筌》卷一《屯》。按：托名呂巖《呂子易說》卷上《屯》，云：「《屯》之六爻以二陽為主。然五之居體為坎，陷而失勢；初之居體為震，動而得時。當屯之世，貴在方進之陽，不貴已上之陽，故初為《屯》之主也。」又，董真卿《周易會通》卷二《屯》：「丘氏曰：『五坎躰陷而失勢，初震躰動而得時。』」

〔註9〕王《注》見《周易注疏》卷一《屯》。

〔註10〕潘士藻《讀易述》卷二《屯》。

「利居貞」者，其利在我。「利建侯」者，其利在民。貴下賤，是行正之實際。處得民，是建侯之根本處。

劉石閭曰〔註11〕：「道之興，起於室家。政之行，始於蔀屋。不本於鰥寡孤獨，不可以立政；不達於愚夫愚婦，不可以成教。未有不得民而可以為侯者也。」

胡仲虎曰〔註12〕：「乾坤初爻提出陰陽二字，此則以陽為貴，陰為賤；陽為君，陰為民；尊陽之義益嚴矣。」

志是立身之根，所謂「動之微，吉之先見」者也。夫子《彖》、《象》共六十五「志」字。

「磐桓」以「磐旋」釋者，自馬融始。橫渠獨曰〔註13〕：「磐桓猶言柱石。」按：《字書》：磐，大石也，猶「鴻漸於磐」。桓，柱也，猶《檀弓》之所謂「桓楹」。〔註14〕磐是鎮重不動，桓是植立不移。《漢文本紀》：「磐石之宗。」《書》曰：「尚桓桓。」《詩》曰：「桓桓武王。」《諡法》：「闢土服遠曰桓。」

六二：屯如邅如，乘馬班如，匪寇婚媾。女子貞不字，十年乃字。

《象》曰：六二之難，乘剛也。「十年乃字」，反常也。

二乘初剛，初固豪傑，正應在五，五亦故交。從五則五非共事之人，從初則初無久要之誼，為「屯如邅如，乘馬班如」之象。然初非為寇也，乃求為婚媾耳。此人情所難卻者，而二守正不許，察五之不可圖治，知初之必能定亂，然後以身許之，蓋久而始決耳。反常者，捨經行權之謂。非交妄要，王陵所以棄楚；鳥當擇木，文淵所以歸漢。

正叔謂「寒士之妻，弱國之臣，各安其正而已。苟擇勢而從，則罪之大者」〔註15〕，此固正論。但觀屯之時義，及「不」字、「乃」字語氣，以從初

〔註11〕劉一焜，字元丙，號石閭。江西南昌人。萬曆壬辰進士。《經義考》卷六十著錄其《周易略義》一卷。此引文出處不詳。

〔註12〕見胡炳文《周易本義通釋》卷三《屯》。

〔註13〕見張載《橫渠易說》卷上《屯》。

〔註14〕來知德《周易集注》卷二《屯》：「磐，大石也，『鴻漸於磐』之『磐』也。中爻，艮石之象也。桓，大柱也，檀弓所謂『桓楹』也。震陽，木桓之象也。張橫渠以『磐桓猶言柱石』是也。自馬融以『磐旋』釋『磐桓』，後來儒者皆如馬融之釋，其實非也。八卦正位震在初，乃爻之極善者，國家屯難，得此剛正之才，乃倚之以為柱石者也，故曰『磐桓』，唐之郭子儀是也。」

〔註15〕見《伊川易傳》卷四《困》。「罪」，《伊川易傳》作「惡」。

為當。「不字」從「婚媾」來。惟初求「婚媾」而「不字」，故稱之以貞。「乃」字從「不」字來，惟始「不字」而終「字」，故曰「十年乃字」，其非從五可知。

二、四、上俱言「班如」，二獨多「屯」、「邅」者，以其繫心於五，逼勢於初，尤難進也。孫淇澳〔註16〕曰：「屯體全在『邅如』。邅者圖回不捨，無可奈何，此經綸真意。非是，則天下與我渙不相屬，我亦泛泛焉，姑率爾以應天下，何以成屯？何以稱不寧？」

胡仲虎曰〔註17〕：「『屯如』以時言，塞而未遽通也。『邅如』以遇屯之時者言，回而未遽進也。屯者，陰陽之始交。二與四，陰居陰。初與五，陽居陽。二應五，四應初，故皆曰婚媾，取陰陽之始交也。」

六爻獨二、五稱屯。五剛中得位，陷於險而不得出。二柔中與五正應，為初所制，而不得合。自此兩人不得志，而天下遂紛紛多事矣。故屯之卦名，惟二、五當之。私記。

徐子與曰〔註18〕：「易之道，有己正而他爻取之以為邪者，有己凶而他爻得之以獲吉者。屯之初，非不正也，而二近之則為寇；旅之上，非不凶也，而五承之則有譽命。」

《本義》〔註19〕：「字，許嫁也。」郭相奎曰〔註20〕：「《禮》云：男子二十冠而字。女子許嫁，十五而笄。未許嫁，二十而笄，亦成人之道也，故字之。據此，則男女皆可字。謂女子許嫁，笄而字之則可，非以許嫁解字也。如以許嫁解字，則男子亦許嫁乎？」

此言乘剛之始。《易》中止言柔乘剛，不言剛乘柔。剛乘柔，常理不必言也。◎班，分布不進之貌。重婚曰媾。

六三：即鹿無虞，惟入於林中。君子幾，不如舍，往吝。

《象》曰：「即鹿無虞」，以從禽也。君子舍之，「往吝」窮也。蔡邕《石經》、郭京《舉正》作「何以從禽也」。

〔註16〕即孫慎行。
〔註17〕見胡炳文《周易本義通釋》卷一《屯》。
〔註18〕見董真卿《周易會通》卷二《屯》，稱「徐氏曰：愚聞之師曰」。又見熊良輔《周易本義集成》卷一，稱「徐氏曰」；胡廣《周易大全》卷二《屯》，稱「進齋徐氏曰」。徐幾，字子與，號進齋。徐幾係蔡淵門人。此說恰見蔡淵《易象意言》。故此係徐幾轉述其師之說。
〔註19〕見朱熹《周易本義》上經第一《屯》。
〔註20〕郭子章（字相奎）《郭氏易解》卷三《屯》。（第30頁）

凡陰必資陽以有為。六三爻柔位，剛承乘應皆陰，無德而有求民之心，無應而舉濟屯之事，「即鹿無虞」之象。〔註21〕虞，虞人也。濟屯必須得人，猶獵者之必用虞人也。凡獵者平其險阻，虞人設驅逆之車，使禽趨田，然後有獲。無虞是不驅禽即我，我反從禽，但有入於林莽而已。〔註22〕「心在乎禽，為禽所蔽。動於利祿，不由道，而謾往者如之。」〔註23〕經言「不如舍」，辯之審也。傳言「舍之」，去之決也。舍則藏許多經濟，一齊收拾，絕無影響。非見幾明決，其孰能之？《象》曰「即鹿無虞，以從禽也」，是詼諧調笑之語。不直言其事之無成，而無成之意已在言外。《石經》、《舉正》增一「何」字，便味如嚼蠟。

六四：乘馬班如，求婚媾，往吉，無不利。
《象》曰：求而往，明也。

初為卦主，而切近於五，新舊從違，進退莫決，亦有「乘馬班如」之象。「求婚媾」，謂六四下求初九。雙湖拘於陽倡陰和之說〔註24〕，謂陽可求陰，陰不可求陽，又謂與以貴下賤之旨不合，不知草昧之世，君擇臣，臣亦擇君，

〔註21〕季本《易學四同》卷一《屯》：「凡陰必資陽以有為，六三陰柔，不中不正，而二、四又皆以陰柔相比，遠於陽剛。三以陽位，躁動无常，故有從禽之志。然陰柔非有為之才，又无陽剛之輔，是為即鹿无虞之象。如此則不知鹿之所在，徒入於林中而已，无所獲也。」又見焦竑《易筌》卷一《屯》、潘士藻《讀易述》卷二《屯》，其中《易筌》未言係引用。
另外，熊過《周易象旨決錄》卷一《屯》：
「君子幾，不如舍」，三居下體震動之極，而互艮止，故象占如此也。六三非陽而居於三，無德而有求民之心，上六莫之從也，而豈如舍之哉？
〔註22〕潘士藻《讀易述》卷二《屯》：「六三居震動之極，非陽而居三，無德而有求民之心，無應而舉濟屯之事，『即鹿無虞』象也。趙汝楳曰：『田者必夷其險阻，虞人設驅逆之車，使禽趨田，然後有獲無虞。不驅禽，即是我反從禽，以我從禽，故曰即鹿也。』」趙汝楳之說又見張振淵《周易說統》卷二《屯》。
按：趙汝楳《周易輯聞》卷一下《屯》：「田者必夷其險阻，驅禽趨田，乃無害而有獲。三居高位，不涉於屯，上六當即我之不暇，而三反即之，猶田者不驅禽即我，而反即禽也。以我從禽，故曰即鹿。上六道窮，三往即之，不唯致吝，且與上俱窮矣。」
〔註23〕楊簡《楊氏易傳》卷三《屯》：「夫無虞而即鹿者，心在乎禽，為禽所蔽，雖無虞，猶漫往不省其不可也。動於利祿，不由道而漫往，求者如之。君子則舍之，往則吝則窮也。將以求通，反得窮焉，所以破人心之惑也。」
〔註24〕胡一桂《易本義附錄纂疏·屯》：「愚謂《本義》云下求婚媾是指初九在下，來求四為婚媾。求者在彼，往者在我，故吉。不然，豈有陽不倡而陰反倡，男不行而女先行，以是為吉無不利者乎？」

豈待倡而後和乎？四與初，陰陽正應，天作之合，此亦子房遇漢高之象也。「吉」以剛柔相得之善言，「利」以濟震之功言。〔註25〕《象》「歸」重「求」字，而以「明」贊之，蓋初雖得民，尚伏而在下，四從草昧中求而得之，非明者能如是乎。求，有諮訪審擇之意。震、坎俱為馬，故二、四、上俱言「乘馬」。自一卦言，則自內之外為往，自外之內為來。自一爻言，則我之人為往，人之我為來。

男下女為婚。初下二，婚媾也，二之「不字」，非應也。四下初，婚媾也，四之往者，應也。〔註26〕

九五：屯其膏，小貞吉，大貞凶。

《象》曰：「屯其膏」，施未光也。

朱元晦曰〔註27〕：「五以陽剛中正居尊位，然當屯之時，陷於險中，雖有六二正應，而陰柔才弱，不足以濟。初九得民於下，眾皆歸之。九五坎體，有膏潤而不得施，為『屯其膏』之象。」按：坎雨為膏。《詩》曰「陰雨膏之」。《象》曰「施未光」，非謂五之屯膏有鉅橋鹿臺之積也。陽為陰掩，不能霖雨天下，蓋偏安一隅之象，周公為其商自安之策。曰「小貞吉，大貞凶」，如竇融之於漢，錢俶之於宋，則可以長保富貴。若角長圖大，與初九並驅中原，但有肝腦塗地而已。私記。

胡仲虎曰〔註28〕：「學《易》者貴於觀時識變。卦有二陽，初陽在下，而眾方歸之，時之方來者也；五陽在上，而陷於險，時之已去者也。時已去，雖陽剛亦無如之何矣，故凶。」

劉元炳曰〔註29〕：「或問：舊說以五為商辛，初為周文，屯膏為財聚民散，『小貞吉、大貞凶』為時事可漸正，不可驟正。漸正如盤庚、周宣，驟正如魯

〔註25〕潘士藻《讀易述》卷二《屯》：
　　　述曰：六四應初，故乘馬也，欲進與初同事以濟屯也。當草昧之初，身在坎險，欲進而不前，有「乘馬班如」之象。初為得民之侯，以四正應，求以為婚，必得媾合，所以「往吉，無不利」。吉以剛柔相得之善言，利以濟屯之功言。
　　　另外，張振淵《周易說統》卷二《屯》：「此一爻契緊在求之一字。吉以剛柔相得之善言，利以濟屯之功言。」錢士升《周易揆》卷一《屯》、焦竑《易筌》卷一《屯》：「吉以剛柔相得之善言，利以濟屯之功言。」

〔註26〕此一節見胡炳文《周易本義通釋》卷一《屯》。

〔註27〕見朱熹《周易本義》卷一《屯》。

〔註28〕見胡炳文《周易本義通釋》卷一《屯》。

〔註29〕不詳。

昭、高貴鄉公。其說非與？曰：易之德莫大於中正。五居中處正，安得以商辛當之？且屯之時，草昧之時，非叔季之時也。五有位而無勢，有民而未附。未得眾之象，非失眾之象也，又安得以魯昭、高貴鄉公之事當之？屯膏之義，自剛德不下交而言，亦非厚藏吝施可比也。」《周禮》小宗伯之職：「若國大貞，則奉玉帛以詔號」。大貞謂卜立君，卜大封也。大卜注亦云：「大貞，大事求正於龜也。」

上六：乘馬班如，泣血漣如。

《象》曰：「泣血漣如」，何可長也？

二乘馬以應五也，四乘馬以求初也。「上六陰柔，處險之極，三非己應，五不足歸，又去初甚遠。乘馬將安之乎？但有『泣血漣如』而已。田橫、隗囂之徒似之。」〔註30〕《象》曰「何可長」，非獨憫上泣血之無益，即以戒五「大貞」之必凶，屯極當通，亂極當治。上居屯極，正是好機會。此時不變而為治，即入亂亡。只有兩件，更無停待，故曰「何可長」。

卓去病曰〔註31〕：「上六勢窮力弱，有心泣血，無力回天。蓋遺老孤臣，如漢末楊彪，徒以司徒擁大位，而威權已去，至不能庇其子。」《象》曰「何可長」，蓋求可長久之計而不得也，正泣血深意。

此開闢之卦，得時行事，全在初九。九五位雖高，不過屯膏之主。六二守雖正，不過女子之貞。六三鹿雖逐，徒為不識時務之人而已。豈如六四明於擇主，求而往者之吉，無不利哉！吾讀《屯》卦，而知戡亂之主務在得民，功名之士先於擇主，割據之雄貴於知幾。不然，則但有「泣血漣如」而已，何可長也！私記。

蒙䷃坎下艮上

蒙：亨。匪我求童蒙，童蒙求我。初筮告，再三瀆，瀆則不告。利貞。

《說文》：蒙，草名，從草冡聲。莫洪切。《字書》：凡字從冡者，皆取不明之義。加巾為幪，加水為濛，加目為矇。

〔註30〕錢士升《周易揆》卷一《屯》：「上六處險之極，三非己應，五不足歸，又去初甚遠，班如之馬將安之乎？『泣血漣如』，坎象。坎，心憂也。田橫、隗囂之徒似之。」

〔註31〕見卓爾康《周易全書·屯》。（四庫全書存目叢書補編第 90 冊，第 57 頁）

《彖》曰：蒙，山下有險。險而止，蒙。「蒙亨」，以亨行時中也。「匪我求童蒙，童蒙求我」，志應也。「初筮告」，以剛中也。「再三瀆，瀆則不告」，瀆蒙也。蒙以養正，聖功也。

《乾》、《坤》之後，次以《屯》、《蒙》。「屯合雲雷，見天之用。蒙合山水，見地之體。」〔註32〕「天地定位，人居其中，屯以建侯作之君，蒙以養正作之師。」〔註33〕

蒙者，人之初，非性之昧。喜怒哀樂未發之體，人人完具，刻刻圓成，以其為赤子之心，故謂之蒙。「山下有險」，不可下也。「險而止」，不可上也。如登萬仞之巔，下臨不測，此時攀援路絕，擬議計策一無所用，豈不是蒙之象？忽而水窮雲起，遇親能孝，遇長能弟，豁然流通，毫無阻滯，所謂「以亨行」也。當其止時止則止，當其行時行則行，非「時中」而何？止固蒙，行亦蒙也。私記。

亨是說蒙之心體，此下專說養蒙之道。「匪我求童蒙，童蒙求我」，即「不憤不啟，不悱不發」之謂。疑情勃發，如饑食渴飲，不容自己，故曰求也。呂伯恭謂〔註34〕：「要須詳玩志應二字，此無以感彼，惡得而應？應生於感也。古之教人，雖不先求學者，然就不求之中，自有樂育精神感發來學。不然，學者之志何自而應乎？」

「二以剛處中，未發之體，懸以待人。譬如洪鐘，隨叩隨應，未有誠心求之而不竭者也。」〔註35〕「瀆是瀆教者，乃曰『瀆蒙』，何也？至理不容擬議，一言之下，便當領解。苟未領解，吾置而不告。彼雖未達，胸中天理完然不動。若再三而復告，彼將擬議卜度，瀆亂天真，所謂『瀆蒙』也。」〔註36〕

〔註32〕見何楷《古周易訂詁》卷一《屯》。「體」，《古周易訂詁》作「質」。
〔註33〕見王應麟《困學紀聞》卷一《易》。「天地定位」，《困學紀聞》作「乾坤既位」。王氏之說又見焦竑《易筌》卷一《蒙》，不言係引用。
〔註34〕見呂祖謙《東萊集》別集卷十二《讀書雜記一·讀易紀聞》。
〔註35〕張振淵《周易說統》卷二《蒙》：「陸君啟曰：『不徒剛也，而且中未發之體，無心之機，懸以待人，聽其自取。譬如洪鐘虛懸，實叩則應，固未有誠心求之而不竭者也，故曰『初筮吉』。』」
〔註36〕焦竑《易筌》卷一《蒙》：「『剛中』指九二言，『再三瀆』是瀆發蒙者。乃曰『再三瀆』、『瀆蒙』，何也？蓋聖人教人不倦，豈厭人之瀆我？所以不告者，以至理不容擬議。一言之下，便當領解。苟未領解，吾置之不告。彼雖不達，胸中之天理固完然不動也。若再三瀆告之，彼將入於擬議卜度，反瀆亂其天理，所謂『瀆蒙』也。」

明莫若聖，昧莫若蒙。「蒙初自有良知良能，所謂正也。」〔註37〕「欲覓聖功，須還蒙體，從混沌立根基，不為七竅所鑿，方是入聖真脈路。」〔註38〕「蒙以養正」，非正以養蒙也。

蘇子瞻曰〔註39〕：「蒙者，有蔽於物而已，其中固自有正也。蔽雖甚，終不能沒其正。將戰於內，以求自達。因其欲達而發之，彼將沛然而自得焉。苟不待其欲達而強發之，一發不達，以至於再三，雖有得，非其正矣。蓋患蔽不深，則求達不力；求達不力，則正心不完。聖人之於蒙也，時其可發而發之，不可則置之。將以養其正心，而待其入聖也。此聖人之功也。」

坎為溝瀆。瀆者，煩雜混淆之意。杜詩云：「在山泉水清，出山泉水濁。」初，指初陰、二陰。為再，指三、三陰。為三，指四。

《象》曰：山下出泉，蒙。君子以果行育德。

游廣平曰〔註40〕：「山下出泉，其一未散，其勢必達。觀其勢之必達則果行，觀其一之未散則育德。」蘇君禹曰〔註41〕：「果行是育德工夫，事事猛省，日日躬行，是要探其本原，使無失初心而已。」

屯、蒙皆坎水。屯則雷雨之水，為濟世之甘霖。蒙則源泉之水，為作聖之真脈。〔註42〕

〔註37〕張振淵《周易說統》卷二《蒙》：「程敬承曰：『蒙初自有良知良能，元來是正的，養者養此也，非蒙有不正而養之正也。』」

〔註38〕張振淵《周易說統》卷二《蒙》：「王龍溪曰：『蒙之時，混沌未分，只是一團純氣。無知識技能擾雜其中，默默充養，純氣日足，混沌日開日長日化，而聖功生焉。後世不知養蒙之法，憂其蒙昧無聞，強之以知識，益之以技能，鑿開混沌之竅，外誘日滋，純氣日漓，而去聖人愈遠矣。吾人慾覓聖功，會須復還蒙體，種種知識、技能、外誘盡行廢絕，從混沌立根，充養純氣，待其自化，方是入聖真脈絡。』」

〔註39〕見蘇軾《東坡易傳》卷一《蒙》。

〔註40〕游酢，字定夫，建陽人。李清馥《閩中理學淵源考》卷二有傳。《經義考》卷二十九著錄曾穜《大易粹言》，引王應麟之語：「淳熙二年，曾穜裒程顥、頤、張載、游酢、楊時、郭忠孝、雍七先生之說，為《大易粹言》，凡十卷。」《大易粹言》的作者，《四庫全書總目》卷三稱「宋方聞一編」，並云：「朱彝尊《經義考》承《宋志》之誤，以為穜作，非也。」此引文見《大易粹言》卷四《蒙》。

〔註41〕見蘇濬《生生篇·蒙》。（《四庫全書存目叢書》經部第13冊，第20頁）

〔註42〕此一節見錢士升《周易揆》卷一《蒙》。

初六：發蒙，利用刑人，用說桎梏，以往吝。發蒙，即《史記》「發蒙振落」字義。「利用刑人」二句作一句讀。

《象》曰：「利用刑人」，以正法也。

此「初筮告」也。時初位下，象百草之始苗，故曰「發蒙」。發蒙、困蒙、童蒙，就學者說。包蒙、擊蒙，就教者說。蒙養之初，以師為第一義，當用言坊行表之人，日夕周旋，聞正言，見正事。向來氣拘物蔽，種種桎梏，以漸脫落，所謂鳶飛魚躍之趣，即在戒慎恐懼中也。故曰「利用刑人，用說桎梏」。以往者，不用刑人，如披桎帶梏而往，天機愈喪，聖賢之路絕矣，豈不羞吝？正即養正之正，以正為法，桎梏自脫。名教中樂地固如此。刑即「刑於二女」之刑。刑人謂可師法之人。《爾雅》：杻謂之梏，在手；械謂之桎，在足。私記。

此據蒙之初論，教法該如此。初乃蒙之始，何緣便有桎梏？草木之生有甲有核，必須迅雷震動，方能甲坼。人生氣拘物蔽，各有帶來障礙，所謂「道心易見，習氣難除」。非明師鍛鍊，如何解脫？「用脫桎梏」四字，是蒙養下手處。夫子恐後世疑刑人為鞭笞之輩，故以正法釋之。私記。

九二：苞蒙。句。吉，讀。納婦。句。吉，讀。子克家。《字書》：包，班交切。裹也，含容也。苞，婢小切。草名，可以為履。據此則苞桑宜從草，包蒙、包荒、包承、包羞不宜從草。《石經》俱從草，「包有魚」、「包無魚」又不從草，不識何解。

《象》曰：「子克家」，剛柔接也。

二、上皆陽。上過中，二得中，故二為卦主。〔註43〕

二以剛居柔，而又得中，得敷教在寬之義，故曰「包蒙」。眼不攻治不瞎，耳不搜抉不聾，混沌不穿鑿不死。包者，不以嗜欲害其天機，不以名利汩其真性，完完全全，內者不出，外者不入，故謂之包。自初至此，年已長矣，可以授室矣，故曰「納婦」；可以總家政矣，故曰「子克家」。蓋所謂蒙者，原要他整頓人倫，主張世道。若一味專愚，如聾如瞽，要這蒙何用？故以夫婦父子之道言之，見包蒙之功效。若此所云，聖功亦只是父子夫婦之間，得其道

〔註43〕胡廣《周易大全》卷三《蒙》：

建安丘氏曰：「《蒙》卦六爻，二陽四陰，故以二陽為四陰之主。然九二得中得時，上九過中失時，故二又為蒙之主。」

焦竑《易筌》卷一《蒙》：「二、上皆陽，然二得中得時，上過中失時，故二陽之中，又以二為卦主。」

而已。兩「吉」字屬下，其吉也可以納婦，其吉也可以克家。剛柔接即指子婦相得而言。克，能也，和睦之謂。不睦則曰不相能。私記。

輔嗣〔註44〕：「以陽居卦內，接待群陰，是剛柔相接。」

胡仲虎曰〔註45〕：「剛柔有上下之分，故屯二之於初惡其乘。剛柔有往來之情，故蒙二之於五喜其接。」

六三：勿用取女。見金夫，不有躬，無攸利。

《象》曰：「勿用取女」，行不順也。

此與四爻所謂「再三瀆，瀆則不告也」。初言師，三言友。「利用」，「勿用」，語氣相應。六陰象女而居陽位，柔暗而多欲，躁動而易邪，全身倒入功利，站立不住。《象》之曰「見金夫，不有躬」，所謂嗜利忘身者也。如此損友，雖學博才高，亦有何益，故曰「無攸利」。「無攸利」，就取友者言。「干祿之人不可以為臣，好利之徒不可以為友。」〔註46〕若論娶女，有何足齒？而論利不利，失位乘剛，據師之上，故曰「行不順」。順只是不拂赤子之心，凡矯揉造作，有意鈞奇，便是當晝攫金之念。「諸爻皆言蒙，獨三不言蒙，蒙以養正，其正己失，如木先蹠其根，灌溉無益矣。」〔註47〕私記。

「不有躬」三字，說得最慘。不獨嗜利忘身，凡汨於聞見，失其本體，皆此類也。**錢塞庵曰**〔註48〕：「道莫妙於昧，莫病於見。見最難破。必須上九之擊，以濟包蒙之窮。」

六四：困蒙，吝。

《象》曰：困蒙之吝，獨遠實也。

「困」者，求通而不得也。困而知，困而學，困亦何害！此曰「困蒙吝」，凡陰必資於陽，陽實陰虛，於二隔三則包之所不及，於上隔五則擊之所不加，故曰「遠實」。蒙以真實為本，「遠實」則所交者非直諒之友，皆浮誇之士，不能希聖希天，總屬可羞可鄙，與初同歸於吝而已。「爻義論近論應，隔一位幾

〔註44〕此係孔《疏》，而非王《注》。《蒙》九二《象》，《正義》曰：「以陽居於卦內，接待群陰，是剛柔相接，故克幹家事也。」

〔註45〕見胡炳文《周易本義通釋》卷三《象上傳》。

〔註46〕見呂柟《周易說翼》卷一《蒙》。

〔註47〕見何楷《古周易訂詁》卷一《蒙》。其中，「蒙以養正，其正己失，如木先蹠其根，灌溉無益矣」又見黃正憲《易象管窺》卷二《蒙》。

〔註48〕見錢士升《周易揆》卷一《蒙》。

於千里，觀四『獨遠實』可見。」〔註49〕「獨」者，謂其與初、三、五不同，實非遠四，四自遠實也。私記。

六五：童蒙，吉。

《象》曰：童蒙之吉，順以巽也。

此求我之童蒙也。〔註50〕「六五以柔居中，下應九二，正孩提之不慮，類鄙夫之空空。希聖希賢，全在此處，故吉。」〔註51〕「爻言其未雕琢之體，《象》言其能聽受之妙。」〔註52〕順則善受，巽則善入，所謂「木從繩則正，後從諫則聖」〔註53〕。若順而不巽，則從不改，說不繹。雖是名師，亦無可成之理。〔註54〕艮少男，為童。

上九：擊蒙，不利為寇，利禦寇。

《象》曰：利用禦寇，上下順也。

人生情慾知見，擾亂天真，皆為寇者也。此非可以柔道禦之，故曰「擊蒙」。擊者，或一叩而喪其偕來，或痛懲而掃其窟穴，向來情慾知見為我寇者，棄甲曳兵而走矣。更有何利？為寇者不利，則禦寇者利矣〔註55〕。寇既禦，則六賊退聽。孩提知能敷暢條達，沛然若決江河，所謂順也。上謂六五，下謂初、三、四，其在於人則中人以上、中人以下之說也。「觀卦中數『順』字，見蒙養在順，其本然不必深求分外。」〔註56〕

〔註49〕見胡居仁《易像鈔》卷六。

〔註50〕錢一本《像象管見》卷一上《蒙》：「五以少男篤實之體，上依上止，下應二中正，所謂求我之童蒙。養之則聖功，入之則聖域，吉。」

〔註51〕張振淵《周易說統》卷二《蒙》：「陸君啟曰：『（略）六五之蒙，中而且柔，純一未發，正孩提之不慮，類鄙夫之空空，希聖希天，全在此處，故吉。』」

〔註52〕見張振淵《周易說統》卷二《蒙》。

〔註53〕見《尚書‧說命上》。

〔註54〕項安世《周易玩辭》卷二《蒙‧六五》：「順而不巽，則從而不改，悅而不繹。雖事明師，亦無可成之理。」潘士藻《讀易述》卷二《蒙》：「『順以巽』也，六五本互坤，為順，有應於二，動而成巽。卦本以陰從陽，巽則善入。若順而不巽，則從而不知其所以順。雖是明師，亦無可成之理。」張振淵《周易說統》卷二《蒙》：「崔子鍾曰：『順則善從，巽則善入。若順而不巽，則從而不改，說而不繹。雖是明師，亦無可成之理。』」

〔註55〕吳澄《易纂言》卷一《蒙》：「上九、六三正應。六三愚蒙，為寇者也。上九治蒙，禦寇者也。其占為寇者不利，而禦寇者利。」

〔註56〕見焦竑《易筌》卷一《蒙》。

張氏曰〔註57〕：「陰爻皆蒙。二以剛居中，包蒙以養〔註58〕其善。上以剛過中，擊蒙以懲其惡。」項平甫曰〔註59〕：「刑之於初者，正法示之而有餘。正〔註60〕之於後者，干戈禦之而不足。坎為法律，在卦之始。艮為守禦，在卦之終。《象》之示人可謂明矣。」

焦弱侯曰〔註61〕：「初六之蒙，內障也，心有所著，即性之梏，必脫之而天乃不鑿。六三之蒙，外障也，見有可欲，即躬之賊，必御之而人乃不侵。」

胡仲虎曰〔註62〕：「上不為寇而止寇，上之順也。順在施，非益所本無。下隨其所止而止，下之順也。順在受，弟還所本有。」

丘〔註63〕行可曰〔註64〕：「《蒙》卦以二陽為主，九二得中，故二又為蒙之主。四陰爻皆因二以起義，五應二則為童蒙之吉，初承二則為發蒙之利，四遠二則為困蒙之吝，三乘二，聖人不以蒙待之，故不言蒙。」

需☲乾下坎上

需：有孚，光亨，貞吉，利涉大川。《說文》：「需，𩓋也。遇雨不進，止𩓋也。從雨而聲。」又云：「須，面毛也。從頁。頁，首也。從彡。彡，毛飾也。」原與待義無涉。惟須字從立須聲，當是後人省立借用耳。徐鉉云：「李陽冰據《易》云『上於天』，當從天。」天，篆文似而。按：須從彡，俗從水，誤。涉，止十畫。俗從少，十一畫，誤。

《彖》曰：需，須也，險在前也。剛健而不防，其義不困窮矣。「需，有孚，光亨，貞吉」，位於天位，以正中也。「利涉大川」，往有功也。「位乎天位」，《石經》作「位於天位」。

凡乾坤與六子合而成卦者，其義皆於六子卦取之。蓋六子皆有乾坤之一體，乃乾坤之所以成變化者也。

〔註57〕見馮椅《厚齋易學》卷六《易輯傳第二·蒙》，係張舜元之說。

〔註58〕「養」，《厚齋易學》作「開」。

〔註59〕見項安世《周易玩辭》卷二《蒙·以往吝》。

〔註60〕「正」，《周易玩辭》作「止」。

〔註61〕見焦竑《易筌》卷一《蒙》。

〔註62〕見胡炳文《周易本義通釋》卷三《象上傳》，無「順在施，非益所本無」，「順在受，弟還所本有」。

〔註63〕「丘」，四庫本作「邱」。

〔註64〕見胡廣《周易大全》卷三《蒙》、明·姜寶《周易傳義補疑》卷二《蒙》、明·葉良佩《周易義叢》卷二《蒙》。

　　錢塞庵曰〔註65〕：「需者，造化自然之候也。陰陽寒暑，以需而移。人物少壯，以需而進。道德功業，以需而成。浮躁不可以致遠，急促不可以令終，聖人所以貴需也。」

　　此卦乾健坎險，以剛遇險，氣屬志猛，本是愁他犯難，卻能需而不陷，則無困窮之義矣。曰「義」者，明非以智巧相規避也。此是喜他剛健而不陷，非謂剛健則不陷。玩「而」字語氣可見。〔註66〕然特不困窮而已。至於出險成功，全仗九五。九五居中履正，中則不偏，正則無邪，無偏無邪，欲速好大之私泯矣，孚貞之所自出也。**楊廷秀曰**〔註67〕：「孚者，以誠待詐，詐窮而誠自達。貞者，以正待邪，邪窮〔註68〕而正自伸。」

　　陸君啟曰〔註69〕：「虛者必輕，浮者必躁。外攝者不固，強持者不久。天下非有真實信理安命，審勢俟時之心。則所謂需者，只是時勢到此，不得不袖手坐待耳。其實心中怔忡，不能一日也。需之妙，全在孚，孚則見。小欲速蔽他不得，光也。計較趨避累他不得，亨也。」「光亨而行險僥倖之事斷然不為，何貞如之。貞則不妄動以乘危。」〔註70〕純是休嘉之氣，故吉。時至機來，自然可濟，故「利涉大川」。涉川乃吉中功用。大抵能需則氣力全，氣力全則發於持滿，未有不能濟天下之事者。「有功正在能需處見得。」〔註71〕

　　凡人阻於勢而不能不需者，非其真心也。九五「位乎天位」，勢無所阻，而能不事權術，真心忍耐，故曰「有孚」。然則遇險而能待者，乾；遇險而能從容忍耐，援三陽以出險者，九五也。非九五，則乾體三爻但不困窮而已，安能成涉川之功哉！「蓋需有二義：有需人者，有為人所需者。需人者，初、二、三是也；為人所需者，五是也。」〔註72〕「此卦以九五為主。九五濟險

〔註65〕見錢士升《周易揆》卷二《需》。
〔註66〕張振淵《周易說統》卷二《需》：「陸君啟曰：『剛健之人，氣屬志猛，本是愁他犯難。而此卦卻能需而不陷，則無困窮之義，是喜他剛健而不陷，非謂剛健故不陷也。玩『而』字語氣可見。』」
〔註67〕見楊萬里《誠齋易傳》卷二《需》。
〔註68〕「窮」，《誠齋易傳》作「詘」。
〔註69〕見明·陸夢龍《易畧·需》，頗有增刪。(《四庫全書存目叢書》經部第19冊，第471頁)陸夢龍，字君啟，別號景鄴，浙江會稽人也。查繼佐《罪惟錄》列傳卷十二下有傳。
〔註70〕見張振淵《周易說統》卷二《需》。
〔註71〕見張振淵《周易說統》卷二《需》。
〔註72〕見元·胡震《周易衍義》卷二《需》、胡廣《周易大全》卷三《需》，稱「楊

之主，下三陽濟險之輔，三陽上進而遇險阻，必待九五之援，而後可以傚協濟之能。九五正位而居險中，必待三陽之進，而後可以成涉川之績。故『有孚，光亨，貞吉』，主九五一爻言；『利涉大川』，主下卦三爻言。」〔註73〕乘乾之上，故曰「天位」。吳因之曰〔註74〕：「難端方發，豪傑皆奮臂從事。聖人挾冠世經綸，又切痌瘝及身之痛，乃獨於紛紛擾擾之中，凝然不動，此非有大中至正學問〔註75〕，如何按得定？」又曰〔註76〕：「臣子當君父之難也，用需否？曰：除了事無可為，勇於赴死，不待躊躇，其餘便看事勢如何。若機未可乘，早發喪功。縱有忠孝心腸，濟得恁事？事勢有合下便當做者，雖非君父之難也，不當需。有當久需者，有需而當即起者，有起之後又復當需者。稍不中節，天下事去矣。」

　　子胥為父報讎，說吳王子光不聽，退而耕於野者七年，王子光為王，子胥得政，又六年，然後大勝楚於栢舉。

　　《象》曰：雲上於天，需。君子以飲食宴樂。於，《石經》作「於」。

　　孔仲達曰〔註77〕：「坎不言雨，雨是已下之物，不是須待之義。若言天上有雲，亦無以見欲雨之意，故曰『雲上於天』。」

　　陸君啟曰〔註78〕：「雷迅風速，電閃雨驟，在天之卷舒而不迫，優揚而不繫者，惟雲而已，故以為需之象。凡人利害迫於中，一飲一食，俱不自得。能需之人，從容閒靜，朝饔夕飱，胸寬而胃平。梁雉歎其時啄，羔羊贊其委蛇，其為飲食，何宴樂如之，以狀其需徐景象耳。《本義》〔註79〕謂『飲食宴樂以俟其自至』，安取義哉？」「身安曰宴，心恬曰樂。」〔註80〕

氏曰」。又見明‧葉良佩《周易義叢》卷二《需》，稱「楊中立」。

〔註73〕何楷《古周易訂詁》卷一《需》：「九五，濟險之主。下三陽，濟險之輔。三陽上進而遇險阻，必待九五之援，而後可以効協濟之能。九五正位而居尊，必待三陽之進，而後可以成利涉之績。故曰需。下文『有孚，光亨，貞吉』，主九五一爻言；『利涉大川』，主下卦三爻言。」

〔註74〕見張振淵《周易說統》卷二《需》。

〔註75〕「大中至正學問」，《周易說統》作「拿龍縛虎手段」。

〔註76〕引文出處不詳。

〔註77〕孔《疏》見《周易注疏‧需》。

〔註78〕見明‧陸夢龍《易畧‧需》（《四庫全書存目叢書》經部第19冊，第471頁），又見張振淵《周易說統》卷二《需》。

〔註79〕「本義」，《易畧》、《周易說統》作「乃」。按：此確係《周易本義‧需》之語。

〔註80〕見錢士升《周易揆》卷二《需》。

「飲食以養其氣體，宴樂以和其心志。」〔註81〕飲食晏樂，當自「無終食違仁」始。

天下方亂，不可暇逸以養禍。天下既治，不可慢易以隳功。惟自亂適治之際，民困方蘇，危情未定，正如物之稚者，不可不養，故必優游和裕以俟其自復。此坐致太平之道也，惟漢曹平陽得之。

初九：需於郊，利用恒，无咎。

《象》曰：「需於郊，不犯難行也。「利用恒，无咎」，未失常也。

郊者，曠遠之地。需郊，蓋海濱待清之流也。恒是寧耐到底，在需之初，故以此戒之。无咎，終不罹於難也。〔註82〕「犯難」二字，最可玩味。患難，人所時有，但不當犯之耳。乾道上行為常，需而不進，似乎失其常道。不知易以時為主，當需之時，坎險在前，躊躇卻顧，乃是正理，故以「未失常」斷之，所以堅用恒之心也。「需之時實能需為恒，豫之時不溺豫為恒，益之時不求益為恒。」〔註83〕

質卿曰〔註84〕：「恒者，常也，即心之孚貞是也。人惟中無常主，或為才能所使，或為事勢所激，或為意氣所動，不覺犯難而行。不失常，自然不犯難。飲食宴樂，不失常也。能不失常，更有何事？」卓去病曰〔註85〕：「學未至於忘年忘世，不得謂之能需。念未至於無始無終，不得謂之有恆。」

胡仲虎曰〔註86〕：「凡言郊者，皆繇主爻取象。《同人》以二為主，上去二遠，故上為郊。《需》以五為主，初去五遠，故初為郊。『同人於門』、『於宗』而後『於郊』，繇近而遠也。『需於郊』而後『於沙』、『於泥』，繇遠而近

〔註81〕見《伊川易傳》卷一《需》。

〔註82〕張振淵《周易說統》卷二《需》：「周恒只是寧耐到底之意。无咎，終不罹於難也。」

〔註83〕見張振淵《周易說統》卷二《需》，稱「葉爾瞻曰」。

〔註84〕潘士藻《讀易述》卷二《需》：「質卿曰：『天下之事只當需，不需是犯難而行。夫事從其易而行之，無所不濟，故乾德行恒易以知險只不犯難而行，便是常，不失常便是恒德。人惟中無常主，或為才能所使，或為事勢所激，或為意氣所動，不覺便犯難行。所以不失常最難。飲食宴樂，不失常也。若能不失常，更有何事？顏子一簞一瓢，直比禹、稷。』又見張振淵《周易說統》卷二《需》。與此處引文有差異。

〔註85〕見卓爾康《周易全書·需》。（四庫全書存目叢書補編第90冊，第70～71頁）

〔註86〕見胡炳文《周易本義通釋》卷一《需》。錢士升《周易揆》卷二《需》：「凡言郊者，由主爻取象。同人以二為主，上去二遠，故上為郊。需以五為主，初去五遠，故初為郊」，未言係引用。

也。」按:「於郊」、「於沙」、「於泥」,雖言其地之遠近,然所以處險者亦在此。郊者,蕭然閒曠,卻步步踏實地。沙在水中,灑灑脫脫,不濡首塗足。泥則沾滯污穢,大費手腳矣。

九二:需於沙,小有言,終吉。言,上從亖,作點誤。

《象》曰:「需於沙」,衍在中也。雖「小有言」,以吉終也。衍中從水,俗從彡,誤。

初可以遠害,而不可以濟時,三則逼險而致寇,惟二進不入泥,退不在郊,處將用未用之際,而又以剛處中,與五相應,異日濟陰,必是此人。然目前所處,未免小有物議。初則言其不能退而遠有所避,三則言其不能進而大有所為。凡人因言語不平,逞意氣於一擊,遂誤大事。聖人以「小有言」一語點醒他,見得一時是非正不足惜,惟寧耐俟時,以成涉川之功而已,故曰「終吉」。〔註87〕

胡仲虎曰〔註88〕:「初以剛居剛,恐其躁急,故雖遠險,猶有戒辭。二以剛居柔,性寬而得中,故雖近險,不害其為吉。」王輔嗣所云「近不逼患,遠不後時,履健居中,以待其會」,此爻之義也。

《說文》:「衍,水朝宗于海也。」「衍在中」,從沙字取義。水邊曰沙,沙之去海遠矣,而朝宗之勢即在於此,亦靜以俟之而已。《彖傳》曰「利涉大川」、「往有功也」,正指此爻,故曰「以吉終」。私記。

九三:需於泥,致寇至。

《象》曰:「需於泥」,災在外也。自我「致寇」,敬慎不敗也。《字書》:災,篆文巛中加一畫。巛與川同,川壅為災。《石經》加一畫,本此。

自郊而沙,自沙而泥,三之時會適然,於三何罪?三之病在過剛不中,不能寧耐,未免開釁招尤,如深源之於晉,德遠之於宋,不度時勢,橫挑強

〔註87〕曹學佺《周易可說》卷一《需》、焦竑《易筌》卷一《需》載:「初可以遠害而不可以濟時,止得无咎而已。三則太迫險而致寇,使非敬慎,敗且不免,況望其他乎?惟二進不入泥,退不在郊,處將用未用之際,而又以剛處中,與五相應,異日濟險,必是此人,需之至善者也。然目下所處,未免致人之疑。初則疑其不能退而遠有所避,三則疑其不能進而大有所為,所以小有言語及之。而天下之險,卒賴以濟,故曰『終吉』。王輔嗣所云『近不迫患,遠不後時』者也。」與此一節相近。

〔註88〕見胡炳文《周易本義通釋》卷一《需》。

敵，所謂「致寇至」也。「致寇則寇至，不致寇則寇不至。慢藏則盜至，冶容則淫至。」〔註89〕「『致』之一字，罪在三矣。」〔註90〕「《象》復為之謀曰，泥去水雖一間，尚在外也，敬慎則免矣。」〔註91〕致者自我，敬者亦自我。信乎易道不遠，止在心之不放。私記。

「沙猶砥礪之資，泥乃污淖之物，故小言終吉而致寇可虞。」〔註92〕

胡仲虎曰〔註93〕：《需》與《漸》皆取有所進而待之義。需內卦「於郊」、「於沙」、「於泥」，繇平原而水際，水際非人所安也。漸內卦「於干」、「於磐」、「於陸」，繇水際而平原，平原非鴻所安也。皆以三危地故也。《需》之三曰「致寇」，《漸》之三曰「禦寇」。禦寇者艮，剛而能止。致寇者乾，剛而不中也。

六四：需於血，出自穴。

《象》曰：「需於血」，順以聽也。

三陽方進而四扼其前，五爻居上而四躡其後，近而不相得。曰「犯難」，曰「有言」，曰「寇至」，皆四為之也。然四亦稱需者，何也？四陽〔註94〕從容鎮定，無隙可乘，六四柔而得正，亦非狂躁跋扈之人，故曰「需於血」。坎為血卦。血者，陰之屬也。「需於血」者，引分以自安也。穴者，陰之窟也。「出自穴」者，棄地以避陽也。需血，取象甚奇。夫子以極尋常語釋之，而曰「順以聽」，謂順於九五，以聽三陽之進，非相拒見傷之謂。凡解爻詞以小象為主。若謂血為陰陽相傷，則昧需字之義，且失孔子順聽之旨矣。私記。

或曰：順聽者，不強求出也。不強求出而自出，所謂「外其身而身存」也。此以順聽為委運，以出穴為出險，又是一義。

三敬慎，尚可以不敗，則未可言凶咎。四需血而出穴，則亦不必言吉亨矣。私記。

〔註89〕楊簡《楊氏易傳》卷四《需》：「雖處迫險之地，致寇則寇至，不致寇則寇不至。《詩》曰：『自東自西，自南自北，無思不服』，服其心也。心為善則祥至，為不善則殃至。慢藏則盜至，冶容則滛至。諺云『禍不入慎者之門』正謂此。」

〔註90〕見胡炳文《周易本義通釋》卷一《需》。

〔註91〕見沈一貫《易學》卷一《需》。

〔註92〕見胡居仁《易像鈔》卷六。

〔註93〕見胡炳文《周易本義通釋》卷一《需》。

〔註94〕查慎行《周易玩辭集解》卷二《需》：「四何以亦稱需？蓋以三陽從容鎮定，無隙可乘，九五陽剛中正，與為近比。四之柔順得正，亦非與陽為難者，故取『需於血』之象。」

胡仲虎曰〔註95〕:「三能敬,則雖迫坎之險而不敗。四能順,則雖陷坎之險而可出。敬與順,固處險之妙道也。」焦弱侯曰〔註96〕:「『需於郊』者,險地尚遠,人所必不避也而避焉,以剛而能守也。『需於血』者,險難迫切,人所必不安也而安焉,以柔而不競也。」蔡虛齋曰〔註97〕:「剛之能,需乾之健而知險也。柔之能,需坤之順而知阻也。」

九五:需於酒食,貞吉。

《象》曰:「酒食,貞吉」,以中正也。

「九五為需之主,《彖》之所謂『位乎天位以正中』者也。三陽恃其有孚,故堅忍以需之。『若上無九五,則賢者絕望久矣。』五以一陽處險難之中,不憂不懼,優游宴樂,以俟同德之援。自此陽彙而進,陰引而退,光亨利涉之勢在眉睫間矣。」〔註98〕敵至不忌,非有餘者不能,故象歸之「中正」。蓋「不中則比陰為險,不容三陽之來;不正則亦不能主持三陽,而使之進也」〔註99〕。酒食非貞吉之具,故洗發如此。「坎為血為酒,四陰柔則取象於血,五陽剛則取象於酒。」〔註100〕

〔註95〕見胡炳文《周易本義通釋》卷三《象上傳》。

〔註96〕見焦竑《易筌》卷一《需》。

〔註97〕見蔡清(字介夫,號虛齋)《易經蒙引》卷二上《需》。又見張振淵《周易說統》卷二《需》。

〔註98〕何楷《古周易訂詁》卷一《需》:「九五一爻,需卦之主也。三陽恃其有孚,故堅忍以需之。『若上無九五,則賢者絕望久矣』,又何需焉?需者,飲食之會在禮,速客之辭曰『主人須矣』。三陽方來為客,五為主人,具酒食以需之,故曰需於酒食,明其為主也。處險難之中,不憂不懼,安意以竢同德之援。自此陽彙而進,陰引而退,光亨利涉之勢在眉睫間矣,故曰貞吉。」其中,:「若上無九五,則賢者絕望久矣」見項安世《周易玩辭》卷二《蒙·九五》,何楷《古周易訂詁》卷一《需》、潘士藻《讀易述》卷二《需》、焦竑《易筌》卷一《需》予以引錄,僅《讀易述》注明「項氏曰」。

〔註99〕項安世《周易玩辭》卷二《蒙·以中正也》:「需已至五,猶曰貞吉者,當需之時,所恃者九五耳,可以貞乎?互坎體也,使其在正位而不中,則必與二陰比為險,不容三陽之來;使其雖中而不得正位,則亦不能主持三陽,而使之進也。惟九五既中且正,有德有,權雖在險中,不可沉溺,所以能為主。」潘士藻《讀易述》卷二《需》、焦竑《易筌》卷一《需》予以引錄,其中《易筌》未指明係引錄。

〔註100〕此句見何楷《古周易訂詁》卷一《需》、焦竑《易筌》卷一《需》。

劉元炳曰〔註101〕：「先事慮事，先患慮患。〔註102〕時至事起，役不再舉。不輕濟而卒以濟者，需之中正，事所緣以立也。故《彖》之『有孚，光亨，貞吉，利涉大川』，惟五足以當之。舊注不明濟險之義、貞吉之旨，乃以五為尊位，無所復須，唯宴安飲食以須之，則五一沉湎酒食之人而已。」

張希獻曰〔註103〕：「乾之三陽，遇險能需者也。坎之一陽，處險能需者也。遇險能需，則不至犯險。處險能需，則又將出險矣。」

上六：入於穴，有不速之客三人來，敬之，終吉。

《象》曰：「不速之客來，敬之，終吉」，雖不當位，未大失也。

王輔嗣曰〔註104〕：「六四所以『出自穴』者，以不與三相得而塞其路，不闢則害，故不得不『出自穴』而避之也。至於上六，處卦之終，非塞路者也。與三為應，三來之已，乃為己援，故無畏害之辟，而有入穴之安〔註105〕。三陽所以不敢進者，須難之終也。難終則至，不待召也。處無位之地，以一陰而為三陽之主，故必『敬之』而後『終吉』。」

上險已終，出無可之。乾陽已至，需無所用。故不言需，但言「入於穴」。出逃其穴，所以避陽而去。入伏於穴，所以安陽之來。〔註106〕四為穴，上與三應，自外而入於內也。剛與柔原非族類，三陽所以迂迴而不進也。自有四之順聽，五之中正，一旦連袂而至，寧復有意外之虞哉！上惟推誠相與，精神意氣感動豪傑〔註107〕，故「終吉」。召客曰速，「不速」謂出自意外也。又

〔註101〕不詳。

〔註102〕語見荀況《荀子·大略篇第二十七》。

〔註103〕《經義考》卷四十四著錄張清子《周易本義附錄集注》十一卷，稱「。清子，字希獻，號中溪，建安人」。莫建強《〈周易本義附錄集注〉文獻學研究》（北京大學中國語言文學系 2013 年碩士論文）稱「此書自入清後即罕見於著錄，現存兩個版本及一個影元寫本均藏於日本」，俟訪。

〔註104〕王《注》見《周易正義》卷二《需》。

〔註105〕「安」，王《注》作「固」。

〔註106〕何楷《古周易訂詁》卷一《需》：「四，外卦之初，出尚有可之之所。上，外卦之終，出無可之矣，故入而藏以自固。出逃其巢穴，所以避陽而去入；伏於巢穴，所以避陽之來。」

〔註107〕張振淵《周易說統》卷二《需》：「彥陵氏曰：『陰居險極，才與時俱困，已入於穴矣。此時更無別著，惟得識明守定之人相與，從容寧耐，庶可望其自出耳。注中需極並進四字要看。大凡禍亂到極處，豪傑無不奮發以畐功名，但恐我不能推心置腹以相結約，則不得其力。敬之則自可藉其才力以出險，故終吉。敬是真心。一意相與，精神意氣自可傾倒一世豪傑。』」

速與需相反，欲速者不需，能需者不速〔註108〕，意義雙關，此周公文字巧處。「自陽呼陰曰寇，自陰稱陽曰客。」〔註109〕

卓去病曰〔註110〕：「四與上，坎中二陰，故皆言穴，猶《坎》卦初與三皆言坎窞也。四指其將入穴而言，順聽則無入穴之道，故先言『需於血』，而後言『出自穴』。上本其在穴，而言能敬，則有出穴之道，故先言『入自穴』，而後言『終吉』。」

張彥陵曰〔註111〕：「雖不當位」，未有定論，愚意此句與「位乎天位」句對看自明。蓋需以五為主，惟五之中正，乃為當位，則上所云「不當位」者可知矣。至於「未大失」之解，亦從「往有功」生來。蓋以當位之五而能需，即往涉亦可以奏功；以不當位之上而能敬，即入穴亦不至於大失；總髮明三陽所以宜敬之故。

「當位」當字，程子平聲，朱子去聲。康流曰〔註112〕：「位當位不當，與當位不當位，俱平聲。二、三、四、五以陰陽失位為不當位，初、上以不用事為不當位。」惟不當位，故雖陰陽失位，亦無大關係也。

呂仲木曰〔註113〕：「『雖不當位，未大失』者，言能敬焉，則雖不當位且未失，況上六之當位者乎？此敬德之所以大也。」附錄。

李子思曰〔註114〕：「三陽，君子也，其進也，四以順而出，上以敬而吉。小人不敢干君子，君子亦不薄小人也。乾知險而需，所以為君子謀。陰知敬而避，所以為小人戒。」

〔註108〕張振淵《周易說統》卷二《需》：「不速之客即剛健不陷，能需之人也。欲速者不需，能需者不速，二字亦可味。」
〔註109〕見張獻翼《讀易紀聞》卷一《需》。又見潘士藻《讀易述》卷二《需》。
〔註110〕見卓爾康《周易全書·需》。（四庫全書存目叢書補編第90冊，第72頁）
〔註111〕張振淵《周易說統》卷二《需》：「按：以陰居陰，實是當位，然不當從陰居險極看出，如云才與時不相當也，故能敬則位雖不當未至大失。如之國，可以不敬耶？」
〔註112〕見朱朝瑛《讀易略記·坤》。（《四庫全書存目叢書》經部第24冊，第737頁）
〔註113〕見呂柟（字仲木）《周易說翼》卷一《蒙》。另外，葉良佩《周易義叢》卷二《蒙》：「上六當位，《傳》何以言『不當位，未失也』？曰：言能敬焉，則雖不當位且未失，況上六之當位者乎？此敬德之所以為大也。」後姜寶《周易傳義補疑》卷二《蒙》引用葉氏之說，稱「葉良珮曰」。
〔註114〕見馮椅《厚齋易學》卷七《需》。「四以順而出」，《厚齋易學》作「四以抗而傷」。

陸庸成曰〔註115〕：「乾之剛健，不可忽也。坎之險地，不可狎也。故乾之於坎，遠之則无咎，近之則致寇；坎之於乾，順之則出穴，敬之則終吉。是惟乾能不陷於險，而陷於險〔註116〕者還須賴乾以濟，信乎需非陰柔者所能為也。」

卦之所以名需者，為坎險也。坎之所以為險者，四、上兩爻也。上居卦外，而不得時；六四居中用事，塞三陽上進之路，撓九五下交之權，所謂險也。此時不宜急遽，亦不宜張皇，何也？三陽並進，九五陽剛中正，屹然主持於上，原是陽明世界。若因六四一陰妄有舉動，則釁隙漸開，互相攻擊，遂有不可知者。今三陽同心一德，確然信九五之不我棄，從容以待其援；九五陽剛中正，位乎天位，確然信三陽之不我欺，從容以待其輔。《彖》之所謂「有孚」也。當時君臣之間，不驚不怖，處之泰然。六四到此，技窮無用，但有順以聽之而已。雖有上六為之羽翼，亦勢孤力弱，見三陽之來，敬以奉命之不暇，敢復有他哉！「君子以需得遂其進，小人以需得安其所」〔註117〕，所謂「有孚，光亨，貞吉，利涉大川」者，至是始觀厥成矣。私記。

訟䷅ 坎下乾上

訟：有孚，窒惕，中吉，終凶。利見大人，不利涉大川。訟字從言從公。《乾鑿度》云：「爭而後訟。」蓋私不得信，則言之於公也。不公則為誣為詐。

《彖》曰：訟，上剛下險，險而健，訟。「訟，有孚，窒惕，中吉」，剛來而得中也。「終凶」，訟不可成也。「利見大人」，尚中正也。「不利涉大川」，入於淵也。

「此卦是聖人使民無訟之義，故六爻全不向曲直剖斷，只是訟便戒以凶，不訟便許以吉。」〔註118〕大凡有血氣者，皆有爭心，欲使天下盡化於無言，勢必不能。聖人就他這點好勝念頭撥轉他，替他分別利害，如是吉，如是凶，如是利，如是不利，使知所趨避。非教以訟之方法，乃教以止訟也。

〔註115〕見陸振奇（字庸成）《易芥》卷二《需》。
〔註116〕「而陷於險」四字原無，文意不通，據《易芥》補入。
〔註117〕見潘士藻《讀易述》卷二《需》，稱「趙汝楳曰」。又見錢士升《周易揆》卷二《需》，未言係引用。
〔註118〕見錢士升《周易揆》卷二《訟》。

「上以剛陵下，下不險則未必訟。下以險陷上，上不剛則未必訟。外健而內不險，未必生訟。內險而外不健，未必能訟。此卦『上剛下險，險而健』，訟之所繇起。」〔註119〕坎中陽實，「有孚」象。一陽陷於二陰，「窒」象。坎為加憂，「惕」象。剛來居二，「中」象。孚者誠實，窒者含忍，惕者戒懼，中者和平。有此四者，必不與人訟，故吉。「終凶」指上，「大人」指五。《需》以有實故需，無實而需，時至何用？《訟》以有實故訟，無實而訟，情得必窮。故二卦皆首言『有孚』。」〔註120〕

「剛來為柔所掩，正是有孚而見窒。惟其得中，則心氣和平，自然能惕能中，不至求勝。」〔註121〕凡事欲其成，惟訟不可。德喪業墮，怨深禍結〔註122〕，俱在於此。尚中正者，五也。偏頗好惡不作於中，此使民無訟之本。入於淵者，機心機事，曰險曰深，載胥及溺而已。《需》言「利涉」，以涉川貴於能待也。〔註123〕此言「不利涉」，以剛乘險，以實履陷也。〔註124〕

「易卦有變，乃九六陰陽二老之交，主占者臨時言也，豈有簡帙之上某卦自其卦來之說哉？」〔註125〕伏羲畫卦，一時俱了，即乾坤亦無生諸卦之理。聖人設卦觀象，就已成之卦而推之，恍然見縱橫曲直、反覆相生之妙，於是各隨本卦，闡發以盡其義。大都程、蘇謂卦本諸乾坤，即乾生三男，坤生三女之說，以其在上則謂之往謂之進，以其在下則謂之來謂之復，此其定論也。

〔註119〕項安世《周易玩辭》卷二《訟上剛下險險而健訟》：「晁公武氏曰：『』上以剛陵下，下不險則未必訟；下以險陷上，上不剛則未必訟；故曰『上剛下險』，此訟之事也。外健而內不險，未必生訟；內險而外不健，未必能訟；故曰『險而健』，此訟之人也。」

〔註120〕項安世《周易玩辭》卷二《訟·象》：「需以有實故需，訟以有實故訟。無實而需時至何用？無實而訟情得必窮。故二卦皆言以『有孚』為主。」焦竑《易筌》卷一《訟》引用項安世之說，未加注明。

〔註121〕張振淵《周易說統》卷二《訟》：「按：剛得中正，與健險相反。剛來為柔所掩，正是有孚而見窒。而惟其得中，則必能競惕存心，不主於求勝者。」

〔註122〕趙汸《周易文詮》卷一《訟》：「何以終凶？以訟非美事，德喪業墮，怨深禍結，理不可成也。」

〔註123〕朱熹《周易本義》卷一《需》：「若又得正，則吉而『利涉大川』。正固無所不利，而涉川尤貴於能待，則不欲速而犯難也。」

〔註124〕朱熹《周易本義》卷一《訟》：「以剛乘險，以實履陷，有『不利涉大川』之象。」

〔註125〕程廷祚《易通·易學要論卷下》：「焦氏竑曰：『易卦有變，乃九六陰陽二老之交，主占者臨時而言也。至於簡帙之上、成卦之後，豈有某卦自某卦來之說哉？宋儒解《象傳》，凡有不通處，即以卦變言，紛擾甚矣。』」

復就兩卦之反對，以參其義，則精蘊已盡。其餘支離誕妄，非作《易》本旨也。私記。

《象》曰：天與水違行，訟。君子以作事謀始。

天者，三才之始。水者，五行之始。〔註126〕「天水相違，象人彼此兩相違戾。」〔註127〕「謀始」只照上「違」字。凡事違人情者，即於始杜之謀。始則不至，於終凶矣。

項平甫曰〔註128〕：天一生水，其始本同一氣，一麗於形。天上行，水下潤，天道西轉，水流東注，「遂有天淵之隔。繇是觀之，天下事不可以細微而不謹也，不可以親昵而不敬也。」禍難之來，夫豈在大？女子爭桑，而吳楚連兵；羊斟爭羊，而宋師敗績。〔註129〕

楊廷秀曰〔註130〕：「止訟在初，聽訟亦在初，故仲尼聽父子之訟，不咎訟者而咎上教之不行。此「謀始」之說也。不謀其始，訟之終何如哉！曷謂始？訟心者詳，訟人者殃。」

────────────

〔註126〕馮椅《厚齋易學》卷三十七《易外傳第五》：「都聖與曰：天為三才之始，水為五行之始。君子法之，所以作事謀始。」

〔註127〕《周易正義》卷二《訟》孔《疏》：「天道西轉，水流東注，是天與水相違而行，相違而行，象人彼此兩相乖戾，故致訟也。」

〔註128〕項安世《周易玩辭》卷二《訟·大象》：「乾陽生於坎子，坎水生於天一，乾坎本同氣而生者也。一動之後，相背而行，遂有天淵之隔。由是觀之，天下之事不可以細微而不謹也，不可以親昵而不敬也。禍難之端，夫豈在大？曹劉共飯，地分於匕箸之閒；蘇史滅宗，忿起於笑談之頃。謀始之誨，豈不深切著明乎？作又屬乾，謀又屬坎。」

〔註129〕潘士藻《讀易述》卷二《訟》：
天一生水，其始本同一氣，一麗於形，天上行，水下潤，天道西轉，水流東注，是天與水相違而行也。……謀始莫要於自訟，訟雖行違於終，實始謀之不慎。或以是非求勝，其界別於毫芒；或以利害相攘，其隙開於微眇。如女子爭桑而吳楚連兵，羊斟爭羊而宋師敗績，可鑒也。
焦竑《易筌》卷一《訟》：
天一生水，始本一氣，一麗於形。天上行，水下潤，天道西轉，水流東注，是天與水相違而行也。爭訟之端，起於微眇，亦如天水然。女子爭桑而吳楚連兵，羊斟爭羊而宋師敗績是已。
何楷《古周易訂詁》卷一《訟》：
天一生水，始本一氣，一麗於形。天上浮，水下注，是相背而行也。……其所繇來常在微眇，亦如天水然。唯作事者始之不謀，輕慍遽怒，施報滋甚。若女子爭桑，而吳楚速兵；羊斟爭羊，而宋師敗績；曹劉共飯，地分於匕箸之間；蘇史滅宗，忿起於笑談之頃是也。

〔註130〕見楊萬里《誠齋易傳》卷二《訟》。

初六：不永所事，小有言，終吉。

《象》曰：「不永所事」，訟不可長也。雖「小有言」，其辯明也。辨，《石經》作「辯」。

初應四而二據之，訟所繇起也。尚未成訟，故不曰訟而曰事。才弱時初位下，無守勝之心，無難己之勢，故雖有事而不永，雖有言而小。不永則易收，小言則易釋，故「終吉」。「初而許以『終吉』者，因其始知其卒也。」〔註131〕六爻惟初與三陰柔而不爭，故不言訟。「訟不可長，全以理論，非屈於才勢之不足也。雖『小有言』，是非之辨自明，終訟何為哉！聖人善解人心之蔽如此。」〔註132〕「《彖傳》『訟不可成』，言訟之通義，不欲其成。《象傳》『訟不可長』，初為訟端，不欲其長也。」〔註133〕「『小有言』與《需》不同。《需》之『有言』在人，《訟》之『有言』在己。」〔註134〕

九二：不克訟，歸而逋。句。其邑人三百戶，無眚。眚，從日。俗從月，非。

《象》曰：「不克訟，歸逋」，讀。竄也。自下訟上，患至，讀。掇也。

此「有孚，窒惕，中吉」者。卦辭以剛來得中而言，爻則以自下訟上為義〔註135〕。《彖》言一卦之才，爻言一爻之位〔註136〕，各自立說。凡爻與彖不同者，大概如此。

訟之為卦，二居險中為訟之主。與二爭者，四與上也。所爭者，初與三也。五剛陽中正，大畏民志之主也。「九二險體，上下二陰皆有正應。二以其比己，欲爭有初而與四訟，欲爭有三而與上訟。」〔註137〕蓋陰者，陽之所悅，故二之所以訟者以初與三，而其所以不克訟者，以二剛中而五又以中正臨其上也。「不克」謂不求勝，非謂不能勝也。「歸逋」正「不克訟」之實。

〔註131〕見錢士升《周易揆》卷二《訟》。

〔註132〕見張振淵《周易說統》卷二《訟》，稱「張雨若曰」。

〔註133〕見俞琰《周易集說》卷二十《爻傳一》。又見焦竑《易筌》卷一《訟》，不言係引用。

〔註134〕胡炳文《周易本義通釋》卷一《訟》：「『小有言』與《需》不同。《需》『小有言』近坎也，人不能不小有言也。此之『小有言』坎也，我不能已而小有言也。」張振淵《周易說統》卷二《訟》：「胡雲峰曰：（略）『小有言』與《需》不同。《需》之『有言』在人，《訟》之『有言』在己。」

〔註135〕程頤《伊川易傳》卷一《訟》：「據卦辭，二乃善也，而爻中不見其善。蓋卦辭取其有孚得中而言，乃善也；爻則以自下訟上為義，所取不同也。」

〔註136〕高攀龍《周易易簡說》卷一《訟》：「《彖》言一卦之才，爻明一爻之位。」

〔註137〕潘士藻《讀易述》卷二《訟》。

惟「歸逋」以避咎，故「其邑三百戶無眚」。「『三百戶』，下大夫之制。『無眚』者，《周禮》『憑弱犯寡則眚之』，四面削地也。」〔註138〕二歸逋而邑人無眚，上錫帶而終朝三褫，訟之有益無益，亦可知矣。

自下訟上，不過上下卦之間耳。其究將君臣父子相聚為訟，三綱淪，九法斁矣。除逋竄一著，更有何策？私記。

「庶人有戶無門，故民數以戶稱。」〔註139〕

六三：食舊德，貞厲，終吉。或從王事，無成。

《象》曰：「食舊德」，從上吉也。

飲食必有訟。祿養厚薄，皆飲食之類也。祿者，稱德而受。六三陰柔，安其分之所當得，而不爭豐儉，曰「食舊德」，即此便是「貞」。介於二陽之間，進不敢居其前，退不敢居其後，故「厲」。然執雌守黑，畢竟是好，故「終吉」。訟之時，偶然勝負，不足為據，故凶曰終凶，吉曰終吉。「王事」，從二以訟於王之事。在初曰「所事」，至此則稱「王事」矣。「或」者，不必然之詞，即有之亦無成。「無成」，謂不終訟也。訟不可成，「無成」正是「終吉」之處。「或從王事」，與《坤》三同詞，而不言「有終」，坤可以有終，訟不可有終也。

凡聽訟，先論名分，次論親疏，又次論事之曲直，故二以訟上而竄，三以從上而吉。私記。

九四：不克訟，復即命，渝，安貞，吉。

《象》曰：「復即命，渝，安貞」，不失也。

「九四履三應初。初、三皆比二，而三又應上，四之所以不能無訟也。」〔註140〕「二與四皆以剛居柔，剛故訟，柔故不克訟。」〔註141〕「二以下訟上，其不克者，勢也。四以上訟下，其不克者，理也。二見勢之不可敵，故歸而逋竄，畏勢僅可無眚。四知理之不可逾，故復而即命。」〔註142〕循理則可

〔註138〕潘士藻《讀易述》卷二《訟》。按：潘安之說原出章潢《周易象義》卷一《訟》。
〔註139〕見吳澄《易纂言》卷一《訟》。
〔註140〕潘士藻《讀易述》卷二《訟》：「九四位不中正，而履三應初。初、三皆比二，而三又應上，四之所以不能無訟心也。」
〔註141〕見焦竑《易筌》卷一《訟》、何楷《古周易訂詁》卷一《訟》。
〔註142〕見董真卿《周易會通》卷二《訟》，稱「龔氏曰」；熊良輔《周易本義集成》卷一《訟》，稱「泉峰龔氏曰」；胡廣《周易大全》卷三《訟》，稱「括蒼龔氏曰」。又見焦竑《易筌》卷一《訟》，不言係引用。

得吉。「訟有三等：小則言語，次則命秩，大則封邑。」〔註143〕故二言邑，三言食，上言錫帶，則四之命亦爵命也。四命之所當得者，初六而已。二欲爭初，訟所自生。今二既歸逋，四亦復其常，以就命之所當得，更有何訟？其即命也，不是勉強，好勝之心一變而安於正道，則與物無競，何吉如之！人我一體，原是無訟，故二曰歸，四曰復。當訟之時，皆以勝為得計，故象以「不失」慰之。訟則有失，不訟更有何失。不失則安者愈安，終無變計矣。「不失」正解「吉」字。以理之得失為吉凶，非以訟之禍福為吉凶也。渝，變也，即《春秋》「渝平」之「渝」。剛變而柔則為《渙》，訟事解散矣。凡爻之言「渝」者，皆取於變卦也。

九五：訟，元吉。

《象》曰：「訟，元吉」，以中正也。

此尚中正之大人也。《訟》五爻皆不正，惟九五處得尊位，既中且正，德威德明。〔註144〕凡所以平天下之情，消天下之爭者，出於以健制險之外，宇宙之內，渾然太和，故不徒曰吉，而曰「訟元吉」。〔註145〕初「不永」，三「無成」，二、四「不克」，上「三褫」，皆訟之所謂「元吉」也。訟無元吉之理，訟而元吉，非中正不能，故推原如此。

獄訟繁多，件件欲尋一道理，應付不勝其勞。聖人只是一個中正。「無偏無黨，王道蕩蕩。無黨無偏，王道平平。」一切發奸摘伏，俱置不用，此治訟之至德妙道也。《本義》云：「中則聽不偏，正則斷合理」，此獄吏之任，非帝王之事。私記。

上九：或錫之鞶帶，終朝三褫之。帶，從𢃇。俗從𢃇，非。

《象》曰：以訟受服，亦不足敬也。

處訟之極，「以剛居上，訟而得勝者也」〔註146〕。以訟受錫，榮何可保？故終朝之間，褫帶者三。「錫出或然，見其無取勝之理。終朝三褫，見其有必

〔註143〕見焦竑《易筌》卷一《訟》。

〔註144〕項安世《周易玩辭》卷二《訟·九五》：「《訟》卦五爻皆不正，惟九五一爻既中且正，為可尚爾。中則我不終訟，正則人不克訟。」

〔註145〕潘士藻《讀易述》卷二《訟》：「處得尊位，為《訟》之主。建中表正，德威德明。凡所以平天下之情，消天下之爭者，出於以健制險之外，故大善而吉。王肅曰：『以中正之德，齊乖爭之俗，所以『訟元吉』也。』」

〔註146〕孔《疏》：「上九以剛居上，是訟而得勝者也。」

敗之凶。」〔註147〕爻言「或錫」，明其無因。而至《象》言「以訟」，闡其得服之由。初不可長，防訟之始。上不足敬，惡訟之終。周公以為必見奪，夫子以為雖不奪。「亦不足敬」，若思其「不足敬」之故甚於三褫。「三之從上曰或，上之錫帶曰或，居訟之時未必之詞也。」〔註148〕「初不言訟，杜其始。上不言訟，惡其終。」〔註149〕

蘇子瞻曰〔註150〕：「二與四，訟不勝者也，然且終于無眚與吉。上九，訟而勝者也，然且有三褫之辱。何也？曰：此止訟之道也。夫使勝者日多其勝以誇其能，不勝者自恥其不勝以遂其惡，則訟之禍不知所止矣。故勝者褫服，不勝者安貞無眚，止訟之道也。」

《釋名》：帶，蒂也。著於衣，如物之繫蒂也。鞶帶，命服之飾。褫，《說文》訓奪，故免冠為褫。鄭康成以褫作拕，謂三拕之以誇於人也，謂如此方與《小象》「受服」合。不知孔子正發周公言外之旨，謂不奪亦不足敬。不足敬，其辱有甚於褫者矣。〔註151〕

九五者，使民無訟之大人也。九二者，訟之主也。初三者，九二所欲得而因之以起訟者也。四、上者，初三之援而與二為訟者也。二陽陷陰中，陷則不甘。陰者，陽之所欲，欲則必爭。而四、上以剛在上，與初、三為正應，其肯俯而聽二之憑陵乎？訟自此起矣。然而不終訟者，九二剛來得中，是識時務之俊傑，歸逋而不以為辱。二既不爭，初、三、四或爻柔位剛，或爻剛位柔，原非強梁終訟者，皆偃旗息皷，相忘化國矣。上雖有鞶帶之錫，其如三褫何哉！所以然者，五以中正在上，道德齊禮之人。虞芮之訟、鼠牙雀角之事，非文王、召伯，其孰能已之？私記。

或以鞶帶為《內則》之「鞶革」，非也。按《注》：「鞶革，小囊，盛帨巾。」乃男子三四歲時所佩，其不以為訟者之賜可知。陸氏《釋文》：「鞶，大也。」孔《疏》：「鞶，大帶也。」《左傳・桓公二年》：「鞶厲遊纓。」《注》云：「鞶，

〔註147〕張振淵《周易說統》卷二《訟》：「夫錫帶出於或然，見其無取勝之理。終朝不免於三褫，見其有必敗之時。」

〔註148〕潘士藻《讀易述》卷二《訟》。

〔註149〕語見馮椅《厚齋易學》卷七《訟》。

〔註150〕見蘇軾《東坡易傳》卷一《訟》。

〔註151〕焦竑《易筌》卷一《訟》：「鄭康成《注》，以『褫』作『拕』，音徒可反。言上剛之極，本以訟得。三不勝其忿，而終朝三拕之，以誇於人也。如此，方與小象受服合。不知孔子正發文王言外之旨，蓋文王以為服必見奪，孔子以為雖不見奪，亦不足敬也。不足敬，其辱有甚於褫之者矣。其說蓋互相備也。」

紳帶也，一名大帶。屬帶之垂者。」又《左傳‧莊公二十一年》：「王以后之鞶鑑予虢公。」《注》云：「后，王后也。鞶帶而以鑑為飾。」蓋鞶厲、鞶鑑之屬。補遺。

師䷆ 坎下坤上

師：貞，丈人吉，无咎。《說文》：二千五百人為師。從帀從𠂤。𠂤，四帀，眾意也。疏夷切。按：𠂤，都回切。俗作堆小𠂤也。帀，子荅切，周也。丈無點。

《彖》曰：師，眾也。貞，正也。能以眾正，可以王矣。剛中而應，行險而順。以此毒天下而民從之，吉又何咎矣！

朱元晦曰〔註152〕：「下坎上坤，坎險坤順，坎水坤地。古者寓兵於農，伏至險於大順，藏不測於至靜之中。又惟九二一陽居下卦之中，為將之象，上下五陰順而從之，為眾之象。九二以剛居下而用事，六五以柔居上而任之，為人君命將出師之象。」

「丈人」，《詩》所謂「老成人」也。戰將不足言深謀奇計，不過一智將；持重謹厚，不過一儒將。惟不尚威武，不用詭詐，不計一時之功，使人心悅誠服，古今惟羊、杜、武侯、令公及明中山王可以當之。「能以眾正」，作用甚微甚大。若止是禁擄掠，止屠戮，僅僅節制之師，何以可王？將以剛為主，剛以中為善。過嚴則刻，過寬則弛。緩者重發喪功，急者輕為致敗。然剛中無應，則信任不專。臨敵中制，亦不能成事。兵凶戰危曰「行險」。順者，因勢利道，動合機宜。「五刑之用，斬剌肌體；六軍之鋒，殘破城邑」〔註153〕，故曰「毒」。毒如毒藥攻病，非沉痼堅症，不輕用也。「吉无咎」者，雖屬秋殺，不失春生，元氣未嘗耗損。兵，凶事，故不言元，不言亨利，只以「吉无咎」寫安靜之味。吳起曰〔註154〕：「夫發號施令而人樂聞，興師動眾而人樂戰，交兵接刃而人樂死。三者，人主之所恃也。」此所謂「毒天下而民從」也。

朱康流曰〔註155〕：「《師》之『无咎』，全在剛中能應，五陰聽於一陽。二欲自王，誰能禁其不王乎？即不自王，如韓信之於漢高、光弼之於唐肅，緩

〔註152〕見朱熹《周易本義》卷一《師》。
〔註153〕干寶之說，見李鼎祚《周易集解》卷三《師》。
〔註154〕見《吳子‧勵士第六》。
〔註155〕見朱朝瑛《讀易略記‧師》。（《四庫全書存目叢書》經部第24冊，第740頁）

急之際，召之不至，君臣猜疑，遂生怨咎。二惟盡忠以應上，所以上順而下從也〔註156〕。」

季明德曰〔註157〕：「《師》卦言應之始，蓋剛柔相濟，故相應者皆剛柔合德，如《小畜》則取五陽應六四，《履》取六三應乾，《大有》取五陽應六五。若義不相繫，則雖初與四、二與五、三與上亦無相應之情。」

楊中立曰〔註158〕：「先王之制民，居則為比閭族黨州鄉，故《比》眾在內，一陽在上為之主，君象也；出則為伍兩卒旅軍師，故《師》眾在外，一陽在下為之主，臣象也。」

熊去非曰〔註159〕：「《師》以一陽統五陰，蓋古者五人為伍，五伍為兩，五兩為卒，五卒為旅，皆自五數起也。」

《論衡》〔註160〕：「人形以一丈為止，故名男子為丈夫，尊媼翁為丈人。」

《象》曰：地中有水，師。君子以容民畜眾。

「水不外於地，兵不外於民。」〔註161〕「水在地中，人見地，不見水。兵在民中，敵見民，不見兵。地不見水，而隨地可以得水。敵不見兵，而因民可以為兵。」〔註162〕「不曰治而曰容，樂利之意寬。不曰用而曰畜，窮黷之情少。」〔註163〕

古者，「軍藏於六鄉弗謂軍，將藏於六卿弗謂將。以軍伍而防於教官之司徒，以軍禮而掌於禮官之大宗伯，以軍禁而徇〔註164〕於刑官之士師，並寓兵於農之意」〔註165〕。

〔註156〕《讀易略記》作「二惟盡誠以感動其君，所以事順而下從」。
〔註157〕見明‧季本（字明德）《易學四同》卷三《象象爻上傳‧師》
〔註158〕見方聞一《大易粹言》卷七《師》、馮椅《厚齋易學》卷八《師》，作：「先王之制民，居則為比閭族黨州鄉，故比則眾在內，一陽在上為之主，君象也；伍兩卒旅軍師之制，則眾在外，一陽在下為之主，將帥之象也。」
〔註159〕熊禾，字去非。《經義考》卷四十著錄《周易集疏》，注「一齋書目作《講義》。」《續修四庫全書》第 3 冊收錄其《易經訓解》四卷，無此語。此引文見明‧熊過《周易象旨決錄》卷一《師》。李贄《九正易因》加以引錄，稱「熊過曰」。
〔註160〕見漢‧王充《論衡‧氣壽篇》。
〔註161〕見朱熹《周易本義》卷一《師》。
〔註162〕見錢士升《周易揆》卷二《師》。此前，宋‧李中正《泰軒易傳》卷一《師》：「地中有水，見地不見水。兵寓於民，見民不見兵。」
〔註163〕見張振淵《周易說統》卷二《師》，稱「陸君啟曰」。
〔註164〕「徇」，《周易說統》作「徇」。
〔註165〕見張振淵《周易說統》卷二《師》，稱「陸庸成曰」。

初六：師出以律，否，讀。臧凶。

《象》曰：「師出以律」，失律凶也。

此出師之始，大將禁戒之語。律如音律之律。銖黍不可參差，故法制禁令取象於此。「師出以律」，違律者雖幸而獲勝，法在必誅，故《象》復申之曰「師出以律，失律凶也」。三令五申，凜於霜雪。《春秋占》曰：「法行則人從法，法敗則法從人。」孫武之御婦人，穰苴之斬莊賈，此以律也。楚之亂次，晉之爭舟，齊之轍亂，皆失律也。否，方有反，即「失律」也。臧謂得勝。

子瞻謂「以律者，正勝也。不以律者，奇勝也」〔註166〕。夫律非奇正之謂也，賞罰之公，分數之明，號令之一，坐作進退之不亂，皆律也。律乃奇正所由出。有律而後隨敵變化，出奇無窮。若以不律為奇，則無制之兵。鼓之不進，金之不退，正且不能，惡乎奇？夫律非奇正之謂也。私記。

九二：在師，中吉，无咎。王三錫命。

《象》曰：「在師，中吉」，承天寵也。「王三錫命」，懷萬邦也。

此所謂丈人剛中而應者也。《彖》之「吉无咎」，惟此爻備之。九二在下，為眾陰所歸，而有剛中之德，上應於五，故其詞如此。玩一「在」字，有虎豹在山，不動聲色，而鎮服三軍之意，所謂「軍中有一范，軍中有一韓」也。「承天寵」，推原成功之故。天寵既承，旁無牽制。方叔王命，裴度得君。大將行師，全賴於此。「懷萬邦」，推原「錫命」之故，言非好大喜功，全是一腔惻隱，此是行師根本。

楊廷秀曰〔註167〕：「一陽五陰，則五陰歸一陽，一陽為主，《師》、《比》是也。一陰五陽，則五陽歸一陰，一陰為主，《同人》、《大有》是也。」

《比》三驅，外詞。《師》三錫，內詞。《曲禮》：「一命受爵，再命受服，三命受車馬。」

六三：師或輿尸，凶。

《象》曰：「師或輿尸」，大無功也。

三、四為副將。六三陰柔，不中不正，居九二之上，才柔志剛，故有撓權專擅之象。「或」者，萬一有然之詞。《象》曰「大無功」，大者，甚言其不可

〔註166〕見蘇軾《東坡易傳》卷一《師》。
〔註167〕見楊簡《楊氏易傳》卷四《師》，非楊萬里之說。

也。河曲之師，趙盾為將，而令出於趙穿；邲之師，荀林父為將，而令出於先穀；皆「輿尸」也。古者一車百人，故謂眾為輿。《傳》曰「輿人之誦」是也。尸，主也。《詩》云「誰其尸之」，《傳》「僖子尸之」，皆主義。

六四：師左次，无咎。次，從二。從冫，誤。

《象》曰：「左次，无咎」，未失常也。

王《注》〔註168〕：「得位而無應，無應不可以行，得位則可以處，故左次而无咎。」按：兵事尚右，故以左為退師。三宿為次。《春秋》「次於郎」、「次於召陵」是也。六四陰柔，無克敵之才，得正有自量之智，乘坎之上，又與兵法「右背山陵」之意合〔註169〕，審己量力，依險而守，故曰「左次」。善戰不如善守，雖不致勝，可以免敗，故「无咎」。焦弱侯曰〔註170〕：「三、四皆副將。三以陰居剛，故躁動而有輿尸之凶。四以陰居柔，故左次以聽主帥之令。」聖人恐人以退為怯，故言當退而退，亦師之常〔註171〕，未為失也。

質卿曰〔註172〕：「兵事呼吸安危之際，最易於失常。一失其常，方寸已亂，何能審強弱之勢，決進止之機乎？」

《老子》：「君子居則貴左，用兵則貴右。吉事尚左，凶事尚右。偏將軍居左，上將軍居右。」《八陣圖》：「天前衝，地前衝，在右。天後衝，地後衝，在左。」來矣鮮曰〔註173〕：「先乾後坤，先右後左。《明夷》六二、六四，陰也，曰左股，曰左腹。《豐》九三，陽也，曰右肱。」古人尚右，不獨兵家為然。《詩》曰「一朝右之」，又曰「惟天其右之」，又曰「宛然左辟」，皆以右為進，左為退。張西農曰〔註174〕：「『无咎，未失常』，有『蕭蕭馬鳴，悠悠旆旌』意。」

六五：田有禽，利執言，无咎。長子帥師，弟子輿尸，貞凶。《舉正》：王弼本「言」作「之」。

〔註168〕見《周易正義》卷三《師》。

〔註169〕焦竑《易筌》卷一《師》：「四乘坎之上，與兵法『右背山陵』意合，故曰左。」

〔註170〕見焦竑《易筌》卷一《師》。

〔註171〕胡炳文《周易本義通釋》卷三《象上傳‧師》：「恐人以退為怯，故明當退而退，亦師之常也。」

〔註172〕見潘士藻《讀易述》卷二《師》。

〔註173〕來知德《周易集注》卷三《師》：「蓋乾先坤後，乾右坤左。故《明夷》六四，陰也，曰左腹；《豐》卦九三，陽也，曰右肱。」

〔註174〕《射易淡詠》卷上《師》：「『无咎』二字，有『蕭蕭馬鳴，悠悠旆旌』之象。」（《四庫全書存目叢書》經部第27冊，第389頁）。

《象》曰：「長子帥師」，以中行也。「弟子輿尸」，使不當也。

「五，君位，行師之主也，故言興師任將之道。」〔註175〕子瞻曰〔註176〕：「夫以陰柔為師之主，不患其好勝而輕敵也，患其弱而疑耳，故告之曰『田有禽，利執言，无咎』。既使『長子帥師』，又使弟子與眾主之，則多疑之故也。雖正亦凶。」

「『長子帥師』是本爻之象，『弟子輿尸』是假設之語。」〔註177〕「以中行」，推原其二之詞。「使不當」，歸咎於五之詞。〔註178〕一「使」字，民命死生、國家安危所繫〔註179〕。

胡仲虎曰〔註180〕：「二、三、四，皆將也；五，任將者也。於三曰『師或輿尸』，危之之詞，而不忍必言之也。至五則直書曰『弟子輿尸』，蓋謂五用二而又用三，必至於如此。故『長子帥師』不言吉，而『弟子輿尸』則曰『貞凶』，甚言任將之不可不審且專也。按〔註181〕：長子即丈人。自眾尊之曰丈人，自君稱之曰長子。《象》言師必用老成，則既貞又吉。爻言用老成，而或以新進參之，雖貞亦凶。」「古人一歲三田，所以習武事也。五居坤土之中，故取象『田有禽』。」〔註182〕

─────────

〔註175〕見程頤《伊川易傳》卷一《師》。
〔註176〕見蘇軾《東坡易傳》卷一《師》。
〔註177〕見蔡清《易經蒙引》卷二中《師》，注「此朱子語錄」。
〔註178〕見來知德《周易集注》卷三《師》。曹學佺《周易可說》卷一《師》：「『中行』，深羨乎二之德也。『使不當』，歸咎於五之詞也。」
〔註179〕何楷《古周易訂詁》卷二《師》：「一『使』字，繫民命之死生、國家之安危，乃歸咎於五之辭。」
〔註180〕胡炳文《周易本義通釋》卷一《師》：
二、三、四，皆將也；五，任將者也。五任二，長子為將，又使六三弟子參之，輿尸之敗，必矣。三爻辭曰「師或輿尸」，「或」者，非必之辭，蓋謂六三為將，其敗未必至於輿尸也。而「或輿尸」，凶何如哉！危之之辭，而不忍必言之也。至五則直書曰「弟子輿尸」，蓋謂五用二而又用三，必至於如此。故「長子帥師」不言吉，而弟子則直書曰「輿尸貞凶」，甚言五之任將不可不審且專也。長子即《象》所謂「丈人」也。自眾尊之則曰丈人，自君稱之則曰長子，皆長老之稱。《象》言師必用老成，則既貞又吉。爻言用老成，而或以新進參之，雖貞亦凶。吉凶之鑒昭然矣。
〔註181〕「按」，《周易本義通釋》無。此下亦《周易本義通釋》之語，非張次仲按語。
〔註182〕何楷《古周易訂詁》卷二《師》：「五居坤土之中，故取田象。於師言田者，古人一歲三田，所以習武事也。」

上六：大君有命，開國承家，小人勿用。

《象》曰：「大君有命」，以正功也。「小人勿用」，必亂邦也。

此言班師。「師之終，順之極，論功行賞之時也。」〔註183〕「大君謂五。」〔註184〕「開國」二句，正大君之命。「『弟子輿尸』，戒於師始。『小人勿用』，戒於師終」〔註185〕。「其始不求苟勝，故其終可以成功。」〔註186〕初、上不取爻義，只論始終，以包裹行師之全局。

「小人勿用」，「用」之為言，非獨富貴而已。假之事權，委之心腹，與使貪使詐不同，此國脈人心所繫，故聖人以為必亂邦。然則有功者當如之何？或賞而不封，或封而不任〔註187〕，聖人於此，固自有道也。

蘇君禹曰〔註188〕：「兵者兇器，必田禽之執而後可以舉兵。兵出無紀，窮山林以追鳥獸，非完計也，必以律而後可以用兵。以不教之卒、無制之師讙然進，靡然退，是以卒與敵也。必見可而進，知難而退，而後為軍之善政。不度彼己，而以一卵敵千鈞，必無幸也。必將能而君不禦，然後可以取勝。三錫之寵不加，舉足不得自由，是解豪傑之體也。故讀《師》爻，而將兵將將之道盡矣。然論其要，則莫急於用人。方其出師也，既戒弟子之輿尸；及其班師也，又戒小人之勿用；然後功成而無後患。」

〔註183〕見朱熹《周易本義》卷一《師》。

〔註184〕熊過《周易象旨決錄》卷一《師》：「大君謂五，此定功行賞之時也。」

〔註185〕明・邵寶《簡端錄》卷一《易》：「『弟子輿尸』，戒於師始。『小人勿用』，戒於師終。始無弟子，則終無小人。即使有之，或賞而不封，或封而不任，不任亦不用也。」

〔註186〕蘇軾《東坡易傳》卷一《師》：「明聖人之師，其始不求苟勝，故其終可以正功。」曹學佺《周易可說》卷一《師》、胡居仁《易像鈔》卷七《師》、沈一貫《易學》卷二《師》、釋智旭《周易禪解》卷二《師》、張振淵《周易說統》卷二《師》引錄，均作「正功」。

〔註187〕邵寶《簡端錄》卷一《易》：「始無弟子，則終無小人。萬一有之，或賞而不封，或封而不任，不任亦不用也。」

〔註188〕蘇濬《生生篇・師》。(《四庫全書存目叢書》經部第13冊，第24～25頁)

《周易玩辭困學記》卷三

比☷☵坤下坎上

比：吉。原筮，元永貞，无咎。不寧方來，後夫凶。比，古文作𠨧。兩人
以正相親也。許叔重云：「比，密也。」

《彖》曰：比，吉也。比，輔也，下順從也。「原筮，元永貞，无咎」，
以剛中也。「不寧方來」，上下應也。「後夫凶」，其道窮也。

《師》、《比》俱以坤、坎合而成卦。坤順坎險，聖人於《師》取其險而
順，於《比》取其順，不取其險，惟以九五一陽為成卦之主，上下五陰順從立
義。蓋險而順則可，順而險則不可。設卦觀象，自有神會處也。私記。

此卦五陰比一陽。「凡卦爻剛柔以一為主，一陽則眾陰比，一陰則眾陽
畜。」〔註1〕「一陽之卦，凡六得位者，《師》、《比》而已，得君位者為《比》，
得臣位者為《師》。」〔註2〕「《師》之應謂五應二，將之任專也。《比》之應
謂上、下應五，君之分尊也。」〔註3〕天下有主則治，無主則亂，五倫中未

〔註1〕郝敬《周易正解》卷四《比》：「卦爻剛柔以一為主，二則分。故曰陽卦多陰，
陰卦多陽。一陽則眾陰比，一陰則眾陽畜。易一陽之卦凡六：《復》、《師》、
《謙》、《豫》、《比》、《剝》，惟《比》最當位而吉。」

〔註2〕熊良輔《周易本義集成》卷一《比》、胡廣《周易大全》卷四《比》引白雲郭氏
曰：「一陽之卦得位者，《師》、《比》而已，得君位者為《比》，得臣位者為《師》。」
郭氏語又見張獻翼《讀易紀聞》卷一《比》，不言係引用。後又見潘士藻《讀易
述》卷二《比》、張振淵《周易說統》卷二《比》，徑曰《紀聞》曰。

〔註3〕胡炳文《周易本義通釋》卷十一《彖上傳·比》：「凡應字多謂剛柔兩爻相應，
此則為上下五陰應乎五之剛，又一例也。《師》、《比》皆一陽五陰。《師》之
應獨重，謂五應二，將之任專也；《比》之應則謂上下應五，君之分嚴也。」

有孤危而不凶者〔註4〕。聖人看到《比》卦，不覺手舞足蹈，曰「比，吉也。比，輔也，下順從也」，重複其詞以慶之。初之「終吉」，二、四之「貞吉」，九五之「顯比吉」，無非為比樂誌喜也，故曰「比，吉也」。下謂下四陰。順謂坤。私記。

　　趙氏汝楳曰〔註5〕：「一剛在上如車，合坤眾而順從於下如輔。吉者，卦之義。輔者，吉之緣。兩舉卦名，自有兩義。」車兩旁木曰輔。

　　凡再用而仍前者謂之原，《禮記》「末有原」、《左氏》「原田」、《漢書》「原廟」、《本草》「原蠶」同義。自問自考，常若明神之難欺曰筮，不以人歸自信，仍前內省曰「原筮」。一陽為元，坤為「永貞」，上之比下，下之從上，必乾坤合德，乃得无咎。《蒙》之剛中，陽在下卦，初筮得之也。「《比》之剛中，陽在上卦，再筮乃得之也。故《蒙》曰『初筮』，而《比》曰『原筮』。」〔註6〕《蒙》之「初筮」，問之人者也，不一則不專。《比》之「原筮」，卜之我者也，不再則不審。〔註7〕

　　吳因之曰〔註8〕：「剛是性體。陽剛主生，陰柔主殺。陰柔多躁動而無操，陽剛多沉毅而有守。陰柔者所向常在私邪一邊，陽剛者所向常在公正一邊。中是把此剛養得十分純粹。人只是養得不純，便殘忍，便間斷，便私邪雜出。養得純粹，自然無三者之雜。蓋『元永貞』，總是天理中條件。殘忍、間斷、私邪，總是人慾中條件。中者，天理之極致也，其為『元永貞』無疑。」

　　《考工記》曰：「惟若寧侯，毋或若女不寧侯。」古謂諸侯之不朝貢者為不寧。當比之世，上有剛中之君，不寧之侯方來不已，王《注》所謂「火有其炎，寒者附之」也。來者，五為卦主，故內詞。下，指下四陰。上，指五。後夫謂上六。後夫之窮，非王者窮之也。上有道而我不服，是違道也。眾咸服而

〔註4〕朱震《漢上易傳》卷一《比》：「凡物孤則危，羣則強，父子、夫婦、朋友未有危而不凶者，人君為甚。」

〔註5〕宋‧趙汝楳《周易輯聞》卷一下：「吉者，卦之義。輔者，吉之由。兩舉卦名，自有兩義。九五正位於上，羣陰咸輔，順從於下，是以得吉。此二語釋《象辭》『吉』字，非長文也。」

〔註6〕陳祖念《易用》卷一、潘士藻《讀易述》卷二《比》，稱「王應麟曰」。按：王應麟書中未見此語。

〔註7〕錢士升《周易揆》卷二《比》：「原，再也，即《記》『末有原』、《周禮》『原蠶』之『原』。《蒙》之『初筮』，問之人者也，不一則不專。此之『原筮』，卜之我者也，不再則不審。一陽為元，正坤互坤為『永貞』，乃乾坤合德者。」

〔註8〕見張振淵《周易說統》卷二《比》、潘士藻《讀易述》卷二《比》。

我不服，是違眾也。萬國朝禹而防風後至，諸侯朝齊而譚子不來，田橫、公孫述之徒也。〔註9〕

俞玉潤曰〔註10〕：「師旋之後，天下歸附方新，上下憂疑未定。」比取其情之親，應取其情之合，不寧取其情之迫。

馮奇之曰〔註11〕：「《萃》與《比》下體坤順同，上體水澤不相遠。《萃》九四一爻有分權之象，故『元永貞』言於五。《比》下無分權者，故『元永貞』言於卦。」

《象》曰：地上有水，比。先王以建萬國，親諸侯。

《子夏傳》曰〔註12〕：「地多水而柔，水得土而流，比之象也。」黃海岍曰〔註13〕：「水者，地之經絡也。分界九州，血脈聯貫，故以建國親侯象之。」建之而枝榦固，親之而脈絡通。

潘去華曰〔註14〕：「『元永貞』，比天下之大本。『建國親侯』，比天下之大機。『顯比』無私，比天下之大道。」「《彖》言五陰比一陽，《象》言一陽比五陰。」〔註15〕

質卿曰〔註16〕：「聖人法地中之水，藏天下於天下，得容民畜眾之道；法地上之水，以天下治天下，得建國親民之道。」

宋永亨曰〔註17〕：「《易》於《乾》、《坤》之後，繼以《屯》、《蒙》、《需》、《訟》、《師》、《比》六卦，卦皆有坎，聖人防危慮險之意深矣。」

〔註 9〕 錢士升《周易揆》卷二《比》：「『不寧』者，《考工記》『惟若寧侯，毋或若女不寧侯』，謂諸侯不朝貢者。凡陽畫像夫，陰畫像婦，上六以一陰乘五陽，故曰後夫凶。酈生說田橫天下之後服者先亡，此之謂也。」

〔註10〕 見宋・俞琰《周易集說》卷二《比》。

〔註11〕 見馮椅《厚齋易學》卷八《比》。

〔註12〕 《子夏易傳》卷一《比》：「地載水而澤也，水得地而安也。下得上而寧也，上得下而位也。故先王建萬國和親諸侯，然後天下安也。」

〔註13〕 見黃端伯（字元公，號海岍）《易疏》卷一《比》。（《四庫全書存目叢書》經部第 23 冊，第 667 頁）

〔註14〕 見潘士藻《讀易述》卷二《比》。

〔註15〕 見董真卿《周易會通》卷三《比》，稱「徐氏之祥曰」；胡廣《周易大全》卷四《比》，稱「方塘徐氏曰」；潘士藻《讀易述》卷二《比》，稱「徐之祥曰」。又見郝錦《九公山房易問》卷上《比》、焦竑《易筌》卷一《比》，不言係引用。

〔註16〕 見潘士藻《讀易述》卷二《比》。其後，查慎行《周易玩辭集解》卷二《比》、錢澄之《田間易學》卷二《比》亦引用。

〔註17〕 見胡居仁《易像鈔》卷七《比》、焦竑《易筌》卷一《比》。

初六：有孚。句。比之无咎。句。有孚盈缶，終來有它，吉。他，《石經》作「它」。

《象》曰：比之初六，有它吉也。

「《易》六爻貴乎正應，惟《比》諸爻不論應否，專以比五為義。」〔註18〕初為比始，倡諸陰而比五，故於此發全卦之義。

大兵之後，君臣之分初定，此時歸戴全在真心實意。若以不信居比之始，禍莫大焉。故就比之時論比之理，必「有孚」始得「无咎」，此已盡比道之大綱矣。周公繫詞到此，覺有孚之道盡善盡美，謂此「有孚」一念果然徹表徹里，滿其本懷，豈獨「无咎」，到後更有意外好處，蓋甚言比之不可不孚也。私記。

周公謂事在謀始，《比》之初六或發念不真，故一則曰「有孚」，再則曰「有孚」，諄諄告戒。夫子謂人情靡不有初，起初念頭都好，不復提起。有孚但聞冷詠歎，曰「比之初六，有他吉也」，筮仕在初，考終亦在初，令人深思，自得堅守其初念而已。朱康流曰〔註19〕：「君臣相擇，惟比之最先者，相信必深，如蕭何護高祖於布衣，鄧禹親光武於同學。」私記。

方獻夫曰〔註20〕：「比下之道貴乎公，比上之道貴乎誠。」所謂「元永貞」者，不過此公與誠而已。

吳因之曰〔註21〕：「『他』字從『有孚』生來。今人只要希信任，邀寵榮，則信任寵榮都是思維夢寐中對象，豈得言他？他者，身外意外之謂。」卓去病曰〔註22〕：「舊謂初不繫四之應，而五應之，故曰『他吉』者，非也。君之於民，隨其幽遐，皆吾赤子。民之於君，不論草野，莫非吾君。苟其歸心無不可應，豈得以五非正應而以他視之乎？」

〔註18〕見董真卿《周易會通》卷三《比》、胡廣《周易大全》卷四《比》，稱「趙氏曰」；又見潘士藻《讀易述》卷二《比》，稱「趙汝楳曰」。趙汝楳《周易輯聞》未載此語。

〔註19〕見朱朝瑛《讀易略記·比》。(《四庫全書存目叢書》經部第24冊，第741頁)

〔註20〕方獻夫，字叔賢，南海人。正德辛巳進士。《經義考》卷五十三著錄其《周易約說》十二卷。此語見張振淵《周易說統》卷二《比》。

〔註21〕潘士藻《讀易述》卷二《比》：「吳因之曰：『終來有他，吉』，只是論『有孚』感動君之常理如此。『他』字正從『有孚』生來。『有孚』者，自真誠體國之外，更分一念不得，繞是謂『盈缶』，在初雖無他心，在理必『有他吉』也。」

〔註22〕見卓爾康《周易全書·比》。(四庫全書存目叢書補編第90冊，第97頁)「豈得以五非正應而以他視之乎」，《周易全書》作「以初、五非正應而曰『有他吉』，吾不信也」。

缶，瓦器，《爾雅》云「盎也」。初陽實，六陰虛。虛者，缶也。實者，盈也。程氏所謂「中虛，信之本；中實，信之質」〔註23〕也。**虞仲翔曰**〔註24〕：「坤器為缶，坎水流坤，故『盈缶』。」缶者，質素之器，言不文飾也。俗作缶，非。

六二：比之自內，貞吉。內，《字書》從入，石經從人。

《象》曰：「比之自內」，不自失也。

「凡卦以下卦為內，上卦為外。《比》六二言內，六四言外，內外卦之分見於此。」〔註25〕《紀聞》曰〔註26〕：「比之自內，如舜起歷山，尹起莘野，傅說起自巖穴，養高待聘者也。外比則杖防來從者也。」《象》曰「不自失」，道義自之道義，名節自之名節，我不自失，孰得而失之？〔註27〕此卦五陰皆主比五，而比之為道則在中正。〔註28〕

卓去病曰〔註29〕：「『自內』有三義：一者本其自盡之心，二者緣其在卦之內，三者處其居中之位，合而成義。凡爻取義，皆是此法。」

六三：比之匪人。

《象》曰：「比之匪人」，不亦傷乎？

「匪人」不可指二、四，亦不必指上六。《比》之「匪人」與《否》之「匪人」同一句法，即六三也。大抵人以類聚，物從氣合。六三當比人之時，陰性陽質，不正不中，見邪即入，遇醜即趨。譬之懶婦之油，嬉戲即明，紡績即暗。豈必指定一爻為匪人而與之比乎？

爻不言凶咎，要得聖人不言之意，非若他處猶待於別白指陳耳。〔註30〕

〔註23〕見程頤《伊川易傳》卷八《中孚》。

〔註24〕見李鼎祚《周易集解》卷三《比》。

〔註25〕見胡炳文《周易本義通釋》卷一《比》。

〔註26〕張獻翼《讀易紀聞》卷一：「比之自內，如舜因堯之求而起自歷山以相堯，伊尹因湯之聘而起自莘野以相湯，傅說因高宗之求而起自巖穴以相高宗，其身不出待聘者也。外則其身出而杖策來從也。」

〔註27〕張振淵《周易說統》卷二《比》：「彥陵氏曰：『道義自之道德也，名節自之名節也，我不自失，孰使之失耶？』」

〔註28〕高攀龍《周易易簡說》卷一《比》：「《比》卦五陰皆主比五，而比之為道，則在守正。」

〔註29〕見卓爾康《周易全書‧比》。（四庫全書存目叢書補編第90冊，第97頁）

〔註30〕張振淵《周易說統》卷二《比》：「吳因之曰：『要得聖人不言凶咎之意，非若他處猶待於別白指陳耳。』」

《象》曰「不亦傷乎」，惻然痛憫，令人有深省處。「與離婁同楫，罔不涉。與師冕同轍，罔不蹶。」〔註31〕

　　錢啟新曰〔註32〕：「大人首繫於《乾》二、五，未有不剛健中正而可為大人。君子首繫於《乾》三，未有不日乾夕惕而可為君子。小人首繫於《師》上，則知戈矛鬩怒無不為小人矣。匪人首繫於《比》三，則知依阿洫涊無不為匪人矣。」

　　六四：外比之，貞吉。

　　《象》曰：「外比」於賢，以從上也。

　　凡卦以上為外。四下而五上，則五為外。〔註33〕五為《比》主，四與初應，不內比於初，而外比於五，故曰「外比」。二自內比，四自外比。二、四以柔居柔，皆得其正，故皆曰「貞吉」。「賢即五也。不曰五而曰賢，明五之為賢也。」〔註34〕曰「比賢」，又曰「從上」，見非獨聲氣相求〔註35〕。天命真人，作君作師，大分所在，自當竭蹶而從。

　　蘇君禹曰〔註36〕：「古之人互相固結，一心事君。二，遠臣也，而與內臣相比。四，近臣也，而與外臣相比。夫以遐方之牧伯而結公卿，其勢易於借交而失已，故以不自失嚴其守；以廟堂之大僚而親外吏，其勢易於結黨而失賢，故以從上定其分。」此段議論極佳，但外內字於卦例不合。

　　九五：顯比。王用三驅，失前禽。邑人不誡，吉。

　　《象》曰：「顯比」之吉，位正中也。捨逆取順，「失前禽」也。「邑人不誡」，上使中也。《舉正》：「『失前禽』，捨逆取順也。」

　　陽剛中正，凡卦九五皆然，而莫盛於《比》。蓋眾陰皆伏，九獨居尊，上下無陽以分其民，聖作物覩之象也。「顯比」者，至陽赫赫。凡隱秘權術可以比天下，而不可以示天下，王者不由也。〔註37〕非大中至正，其孰能之？三

〔註31〕見楊萬里《誠齋易傳》卷三《比》。
〔註32〕見胡居仁《易像鈔》卷七。錢一本《像象管見》未載此語。
〔註33〕梁寅《周易參義》卷一《比》：「卦以上為外，下為內。四雖在外卦，然以四視五，則五為外，而四亦內也。」
〔註34〕見張振淵《周易說統》卷二《比》，稱「伊繼山曰」。
〔註35〕魏濬《易義古象通》卷二《比》：「既曰『比賢』，又曰『從上』，從龍從虎，自是聲氣之求。」
〔註36〕蘇濬《生生篇·師》。（《四庫全書存目叢書》經部第13冊，第25頁）
〔註37〕此說亦有所本。潘士藻《讀易述》卷二《比》：

驅失禽，正摹寫「顯比」氣象。太陽普照，萬物向榮，而來者後者皆無容心。以其無心於得也，謂之「失」。以其若或使之也，謂之「使」。其實失無其失，使無其使，相忘於無何有而已。焦弱侯曰〔註38〕：「逆者如覆盆，不見天日，非光景之不明。捨者如鳧雁，不計去來，非鄙棄而不納。」

不徒曰正中，而推尊於位，有仲尼之德而無堯、舜之位，亦不能使天下歌舞於光天化日之下。作《易》者之心事可知矣。私記。

卓去病曰〔註39〕：「『邑人不誡』，即「不識不知，順帝之則」氣象。聖人之於天下，不使其親己，不使其去己，亦不使其防人，自有恰好所在使其中而已。」「使」之一字，線索精神維繫在手。

沈氏曰〔註40〕：「王者惟以比天下為心，而未嘗強人士，固有志不相迫也。人各有主，不相強也。雖盜賊不必盡誅，小人不必盡竄，置之度外耳。譬之三驅，豈以失禽介意哉？」此堯、舜、禹、湯之世，非三代而後所可得

述曰：陽剛中正，凡卦九在五位皆然，而莫盛於《比》。當比之世，眾陰皆伏，九獨居尊上，下無陽以分其民，聖作物覩之象也。陽明為「顯比」。王中心無為，顯然以元永貞之德親比天下，如太陽中天，普物照臨，而來者後者皆無容心也。

焦竑《易筌》卷一《比》：
陽剛中正，凡卦九五皆然，而莫盛於《比》。眾陰皆伏，九獨居尊，上下無陽以分其權，聖作物覩之象也。陽明為「顯比」，五中心無為顯然，以「元永貞」之德親比天下，如太陽中天，而來者後者皆無容心焉。

何楷《古周易訂詁》卷二《比》：
五以陽剛當天之中，眾所共睹，與上宴中幽者不同。然此凡卦九五皆然，而尤莫盛於《比》。眾陰皆伏，九獨居尊，上下無陽以分其權，聖作物覩之象也，故曰顯。「顯比」者，顯明其比道以示天下，下三句是也。王者之於天下，以大中至正之德親之，如太陽中天，而權謀術巧有所不事，可以比天下而不可以示天下，王者不繇也。」

錢士升《周易揆》卷二《比》：
陽剛中正，凡卦五位皆然，而莫盛於《比》。蓋眾陰皆伏，九獨居尊，上下無陽以分其民，聖作物覩之象。顯比者，王中心無為，顯然以元永貞之德親比天下，如太陽普照，萬物畢附，而來者後者皆無容心也。

〔註38〕見焦竑《易筌》卷一《比》、何楷《古周易訂詁》卷二《比》。
按：此說源於趙汝楳《周易輯聞》卷一下《比》，曰：
聖人雖昭至公以比天下，而無心於必天下之比。順我者取之，逆我者舍之。逆者如戴盆，不見日月，非光景之不明；捨者如乘鴈，不計去來，非鄙夷而弗納。

〔註39〕不詳。

〔註40〕見沈一貫《易學》卷二《比》。

而擬議。故程氏曰〔註41〕：「以聖人之公言之，固當以至誠待天下。以後王之事〔註42〕言之，不求民附則危亡至矣。」

劉元炳曰〔註43〕：「《彖》之占，主文德柔遠，而以『後夫』示不庭之伐。爻之占，主武功誅殘，而以『前禽』示不殺之仁。不侵邑屋，不犯禾稼，講武而歸，有聞無聲，謂之『邑人不誡』。上爻在五前，故爻曰『前禽』。畫卦在五後，故《彖》曰『後夫』。」坎為豕禽象。班孟堅曰〔註44〕：「禽者，鳥獸之總名。」

譚經家謂陰以乘陽為逆，捨逆者捨上一陰，是長亂也；陰以承陽為順，取順者取下四陰，是殺降也。〔註45〕或謂來者不殺為取順，去者不追為捨逆〔註46〕，是終日而不獲一禽也。楊用修曰〔註47〕：「古注云：『軍禮失前禽』，謂禽在前來者不逆而射，示降者不殺也；旁去者不射，示奔者不禁也；惟其走而前去者射之，示服叛取亂也。今《本義》似背此。且『來者不拒，去者不追』為設教者言，非為田獵言也。田獵之禮即寓兵威，若去者不追，則數年之間，王者為獨夫矣。舜征有苗〔註48〕，啟征有扈，可謂去者不追乎？」卓去病曰〔註49〕：「輔嗣謂『三驅之禮，禽逆來趨己則捨之，背己而走則射之，愛於來而惡於去也』，是射去我之禽也。或曰『三驅失前禽』者，三面之網，前開一面以為門，自門驅而入，禽之向我而逆則捨之，故無面傷；順我而去則射之，故自髀達肩為上殺。捨逆取順，所取者，所失者也，是亦射去我之禽也。程子曰：『天子之畋，圍合其三面，前開一路，使之可去，好生之仁也。只取其不用命者，不出而反入者也。禽獸前去者其免矣，故曰『失前禽』也』，

〔註41〕見程頤《伊川易傳》卷一《比·彖》。
〔註42〕「事」，《伊川易傳》作「私」。
〔註43〕不詳。
〔註44〕見《白虎通·田獵》。
〔註45〕董真卿《周易會通》卷三《比》：「丘氏曰：舍逆謂舍上一陰，而陰以乘陽為逆也。取順謂取下四陰，而陰以承陽為順也。」又見胡廣《周易大全》卷四《比》，稱「建安丘氏曰」。
〔註46〕俞琰《周易集說》卷二十《文傳一》：「舍逆即去者不追之謂，取順即來者不拒之謂。」
〔註47〕見楊慎《升菴集》卷四十一《王用三驅失前禽》。
〔註48〕「苗」，康熙本原作「苖」，據《升菴集》、四庫本改正。
〔註49〕見卓爾堪《易學全書·比》。（《四庫全書存目叢書補編》第90冊，第100～101頁。）其中所引程頤、朱熹、俞琰之說，見《伊川易傳》卷一《比》、黎靖德《朱子語類》卷七十、《周易集說》卷二十，孫慎行之說不詳。

是射向我之禽也。朱子曰：『田獵之禮，置旌以為門，獵者自門驅而入，禽獸向我而去者免，被驅而入者皆獲』，是亦射向我之禽也。俞玉吾曰：『禮言畋獵之事，以禽獸背已而去為順，向已而來為逆。而其面傷者弗以獻，故前禽弗射而捨之，是亦射去我之禽也。』孫聞斯曰：『捨逆取順者，向前而來，以勢則逆，以心則順。捨其身，正取其心。世人以不取為失，先王以易取不取為失。其顯明大道如何。』聞斯亦是射向我之禽，第以逆順二字總在向我之禽上見耳。諸儒之說逆順不同，其言逆者，逆我之命，逆我顏行之逆也；順者，順我之命，孚我用物之心也。若射去我之禽，則業欲其去而復射取之，則生者更致之死，似覺違心。若射向我之禽，則以逆為順，又於捨取之旨似乎牽強。姑存之，以求確解可也。」

上六：比之無首，凶。

《象》曰：「比之無首」，無所終也。

《比》合一卦而觀，下固順從，上亦下應，故有「不寧方來」之象。以一爻而觀，群陰在下而承五，上獨在上而乘五，故專言「無首」之凶。人之有主，猶身之有首也。五為一卦之首，上亢焉而居其上，「比之無首」者也。無所依歸，將安結果？故曰「無所終」。「無所終」則凶矣。

馮奇之曰〔註50〕：「以六位自下言之，初始而上終，初本而上末。以人體自上觀之，上首而初足，上角而初尾。《乾》、《咸》、《姤》、《艮》、《賁》、《既濟》、《未濟》之象可見。」

吉而曰「他」，見一切寵榮俱屬意外，毫無覬覦，其胸中粹白可知，正是「有孚盈缶」之處。補遺。

小畜☰乾下巽上

小畜：亨。密雲不雨，自我西郊。小，微細也。《淮南子》〔註51〕：「玄田為畜。」何閩儒曰〔註52〕：當玄月之時，田事已畢，收穫而藏之，故為畜聚之義。《廣韻》：畜，養也；又止也，止之所以養之也。

〔註50〕見馮椅《厚齋易學》卷八《比》。
〔註51〕見《淮南子・主術訓》「教民養育六畜」句許慎注。
〔註52〕何楷《古周易訂詁》卷二《小畜》：「按：《淮南子》：『玄田為畜』，其義未詳。鄭夾漈云：『畜，田畜也，而為畜聚之畜』，借音不借義。」

《彖》曰：小畜，柔得位而上下應之，曰小畜。健而巽，剛中而志行，乃亨。「密雲不雨」，尚往也。「自我西郊」，施未行也。

以陽畜陰，以大畜小，天地之大經也。然事有出於一時、不可為典要者，於是有小畜。〔註53〕《小畜》，美陰德也。《乾》、《坤》而下，陰之用事，自此始。蓋天下惟至柔為能馳騁天下至剛也。**郝仲輿曰**〔註54〕：「其在於女則上以承夫，下以孕子；其在於臣則上以承天王，下以制強國。所謂三寸之鍵，能閉百尺之關；一絲之綸，可掣吞舟之鯉。」按：此則讀《易》者須知《小畜》是何世界，六四是何人物，方可以讀《易》。

「柔得位」有二義：以柔居柔，為巽之主；柔順沉潛，是其德也。《同人》「柔得位」在下卦。此柔得位在上卦，乘乾逼五，是其勢也。有此二者，五陽安得不應？

「亨」字，有謂卦以小畜大，指六四言者；有謂《易》為君子謀，豈得捨五陽而指六四？不知亨者，通達無滯之謂。若陰欲畜陽而有意憑陵，陽為陰畜而頡頑不下，彼此隔礙，豈得言亨？今卦德健而巽九五以剛居中，微彰柔剛，妙合機宜，由是四之志得行於陽，陽之志亦未嘗受挫於四，彼此神情休和諧暢。所謂「亨」者，乃在於此。文王既繫之以「亨」矣，徘徊諦視，又覺時勢不盡如意，復以「密雲不雨」二句，形容興雲布雨，欲畜不能之象，所謂小畜也。「尚往」言雖不雨，雨氣尚往而未已也。「施未行」言雖欲雨，未能沛然莫禦而行也。「尚往」、「未行」，抑揚轉折。我文王自謂「西郊」，謂岐周有無窮感慨，視民如傷之意，故曰「道在小畜」，又曰「作易者其有憂患」。私記。

郭白雲曰〔註55〕：「有止而畜之者，畜之大也。有入而畜之者，畜之小也。」

〔註53〕馮椅《厚齋易學》卷九《易輯傳第五‧小畜》：「張敬夫曰：『以大畜小，以陽畜陰，天地之大經，古今之通義也。然而事有出於一時，不獨天下國家，凡百君子之欲行事，小人得以擾繫之，大事之將就；小物得以邀沮之，皆小畜也。』」

〔註54〕此處引文，僅「三寸之鍵，可以閉百尺之關。一絲之綸，可以掣吞舟之鯉」一語見郝敬《周易正解》卷四《小畜》，其他文字見唐‧呂巖《呂子易說》卷上《小畜》，稱：「自《乾》、《坤》而下，陰之用事，始於《小畜》之機也。其為德也，受坤道之柔順，而代母用事，以養育乎陽者也。曰小畜，不但畜止為德，亦有畜養之意焉。其在於女，則上以承夫，下以孕子。其在於臣，則上以承天王，下以制強國。」

〔註55〕見宋‧郭雍（字子和，號白雲先生）《郭氏傳家易說》卷一《小畜》。

子瞻曰〔註56〕：「陽之畜乾也，厲而畜之。厲而畜之者，非以害之也，將盈其氣而作之爾。陰之畜乾也，順而畜之。順而畜之者，非以利之也，將即其安而縻之爾。故《大畜》將以用乾，而《小畜》將以制之。乾進而求用則可，進而受制則不可，故《大畜》之乾以之艮為吉，《小畜》之乾以之巽為凶。」

胡仲虎曰〔註57〕：「《小過》六五爻詞與《小畜・彖辭》同。文王之意，謂一陰畜乎五陽，陰有所不及，不能成雨也。周公之意，謂四陰過乎二陽，陽有所不及，亦不能成雨也。」

涿田旱，天忽興雲將雨，農人不甚悅也。太史氏曰：爾不欲雨耶？農人曰：雨暴騰無畜，雖雨亦不洽。雨，陰陽之交也。厚斯醞醞，則雨沛然矣。已而果不雨。太史氏曰：畜之用大矣哉！〔註58〕

《象》曰：風行天上，小畜。君子以懿文德。

天地之氣鬱結醞釀，方能蒸而成雨。風主渙散，風起則云散而不雨矣。故曰「風行天上，小畜」。小畜者，閉之不固，積之不厚也。吾人學問亦如此。

初九：復自道，何其咎，吉。

《象》曰：「復自道」，其義吉也。

此初應四也。卦以陰畜陽為義，爻以不畜於人為道〔註59〕。初體得正，前遠於陰，雖與四正應，而自守以正，故為「復自道」。曰「復」，其詞直。曰「自」，其情親。曰「道」，其理正。更有何瑕可指？何釁可攻而咎之？故不曰无咎，而曰「何其咎」，快之之詞。《象》曰「其義吉」，見非論利害，據理而斷，所以堅君子守正之志也。

錢塞庵曰〔註60〕：「『復自道』，《傳》、《義》皆謂進復於上，以陽本在上之物，故自下升上曰復。然五陽皆受畜於陰者，進復於上，不成畜義，當與《復》卦之復同。復者，往而返之意。初志在上，進為四所畜不進，而復自守其道，何至於咎。」

〔註56〕見蘇軾《東坡易傳》卷一《小畜》。
〔註57〕見胡炳文《周易本義通釋》卷一《小畜》。
〔註58〕此一節乃明・崔銑《洹詞》卷一《野聞三首贈張御史仲修》之二。
〔註59〕明・馬理《周易贊義》卷一《復》：「卦以陰畜乎陽為義，爻以自立不畜於人為道。」明嘉靖三十五年鄭綱刻本
〔註60〕見錢士升《周易揆》卷二《小畜》。

九二：牽復，吉。

《象》曰：「牽復」在中，亦不自失也。

「此二應四也。九二漸近於陰，以其剛中而與初同體同德，故連於初而復有牽之象，居中自守，本無征逐之情。初、二同體，亦非無因之與，故吉。」〔註61〕《象》剔出「在中」字，見所謂「牽」者非依附攀援，以剛在中，實能耿介自守，故曰「亦不自失」。「亦」者，承初之詞。「自」即自道之自，見得雖「牽復」，卻自有主張。在程《傳》以「牽復」為二與五，然二五無應。「二之『牽復』自繫於初，五之『攣如』自繫於四。」〔註62〕

九三：輿說輻，夫妻反目。

《象》曰：「夫妻反目」，不能正室也。

此三應四也。「三以剛居剛，四以柔居柔，相近而不相下。柔性善入，制剛而乘其上。剛性躁暴，不能忍而居其下。」〔註63〕「說輻」、「反目」之象。「『說輻』者，陽畜於陰而不得進也。『反目』者，陽不平其畜而與之爭也。」〔註64〕《彖》所謂「施未行」者，以此爻辭不言吉凶。《象》歸過於「正室」，可見四原無害三之情，三亦只是意氣不下。夫妻到底是夫妻，雖反目，庸何傷？

輻，吳草盧以為與《大畜》「輿說輹」同義〔註65〕，是不然。無論卦之名

〔註61〕錢士升《周易揆》卷二《小畜》：「此二應四也。初與二同一乾體，初既復其自道，故二亦連於初而復有牽之象。『亦』者，承初之辭，言二亦未嘗失義也。居中自守，本無征逐之情。二、四同功，亦非無因之與，故吉。」
　　　　另外，郝敬《周易正解》卷四《小畜》：「牽，連也。復指初九。二與五敵應，五攣如於四。初與四正應，欲牽二以從四。二外無正應，內連於初，亦欲因二往四應五也，故為『牽復』之象。處小畜之時，居中自守，本無征逐之情。二、四同功，亦非無因之與，故吉。」

〔註62〕見胡炳文《周易本義通釋》卷一《小畜》。又見錢士升《周易揆》卷二《小畜》，不言係引用。

〔註63〕張振淵《周易說統》卷二《小畜》：「張雨若曰：（略）三以剛居剛，四以柔居柔，皆當位而兩不相下。剛性躁暴，不能居忍而爭；柔性善入，能制剛而乘其上；故『反目』而不相得。」

〔註64〕胡炳文《周易本義通釋》卷一《小畜》：「『輿說輻』，陽畜於陰而不得進也。『夫妻反目』，陽不平其畜而與之爭也。」錢士升《周易揆》卷二《小畜》：「『說輻』者，陽畜於陰而不得進也。三為夫，四為妻，陽不平其畜而與之爭，故『反目』也。」

〔註65〕吳澄《易纂言》卷一《小畜》：「『輹』，舊作『輻』。晁氏曰：『案《說文》作輹』。澄案：輻，因音近而誤也。輻者，輪輻，非可說者。作輹字，乃與《大畜》九二同。」

義異，輻與輹亦異。輹，伏兔也，在軸之上承輿者，車不行則說之矣。輻，輪中直木。老子所謂「三十輻共一轂」，必輪破轅裂而後可說。《大畜》陽能自止，欲不行則說其輹。《小畜》陽與陰爭，有傷於輻而說之。則說輹主於不欲行，說輻主於不得行，當有辨。〔註66〕

胡仲虎曰〔註67〕：「《大畜》九三曰『曰閒輿衛，利有攸往』，《小畜》則曰『輿說輻』，何也？《大畜》以艮畜乾，《小畜》以巽畜乾。《大畜》九三與艮一陽同德，故其輿利往。《小畜》九三近巽之一陰，而為其所制，故其輿不可行。」

六四：有孚，血去惕出，无咎。
《象》曰：「有孚」、「惕出」，上合志也。

此所謂得位而上下應也。以一陰畜五陽，事體重大，地勢高危，群陽之所望，而忌焉者也。若復以權勢駕馭，以智術籠絡，則諸賢有渙然散耳，故戒之曰。六四柔順得正，虛中巽體〔註68〕，原非剛暴驕亢之人。但陰性多疑，只要開載布公，一段精誠，「血者去惕」者出，則可以「无咎」。「血」者，陰也，血去則雖純陰而無純陰之累。「惕」，乾惕也，惕出則雖非乾而有乾惕之

〔註66〕季本《易學四同》卷一《小畜》：「輿，車箱也。輻在車輪，轂之所受，老子所謂『三十輻共一轂』者是也。輻貫於轂，非易說者。車不得進，則有所損傷，而始說耳。乾體九三重剛過中，進而不已，而外為六四之陰所止，未免有傷，故有『輿說輻』之象。天指三，妻指四，反目謂怒目相視也。陽欲進而陰止之，是三致四之有爭也，故又為『夫妻反目』之象。程子曰：『未有夫不失道而妻能制之者，故說輻反目，三自為也。』輻，草廬吳氏以為與《大畜》九二『輿說輹』同，殊不知大畜、小畜義異，安得以為同一輹哉？蓋輹伏菟也，在軸之上承輿者，車不行則說之。《大畜》陽能自止，欲不行則說輹也。《小畜》則陽與陰爭，有傷於輻而說之不得行也。則輹主於不欲行，輻主於不得行，當有所辨耳。」
黃正憲《易象管窺》卷三《小畜》：「三，夫也；四，妻也。唱隨相和，如輿之有輻，相輔而行。四以巽順之情柔服其夫，而三重剛不中，暴戾忿睢，則必反目而爭，不能相和，如輿說其輻而不能行矣，故其象如此。程子曰：『未有夫不失道而妻能制之者，說輻反目，三自為也。』蓋始以失道而受制，終以氣忿而相爭，故曰反目，由於脫輻。輻與輹不同。輻，車轅所以利輪之轉者。輹，伏菟在軸之承輿者。輹，車不行則說之，輻必輪破轂裂而後說。故《大畜》陽能自止，則說輹不欲行也。《小畜》爭而致傷，則說輻不能行也。」
〔註67〕見胡炳文《周易本義通釋》卷一《小畜》。
〔註68〕朱熹《周易本義》卷一《小畜》：「以一陰畜眾陽，本有傷害憂懼，以其柔順得正，虛中巽體，二陽助之，是『有孚』而『血去惕出』之象也。」

心。〔註69〕《象》曰「上合志」，上謂五也，以其為君子之領袖，故言上；以其切比，故言合；以其皆有孚，故言志。四之畜乾，不泛用精神，只與五合志，諸陽之志自合，所謂「剛中而志行」也。惕屬乾體，故《象》不言「血去」，而單言「惕出」，此正相合之處。私記。

《大畜》以上九為主，以四、五為用。《小畜》以四為主，以五、上為用。此剛柔相濟，文武互用之術。私記。

卓去病曰〔註70〕：「四之比剛一也，乃比三而『反目』，比五而『有孚』。蓋九三在下，四處其上，原有相持之勢，況卦分兩體，情不相親，故其象『反目』，不能和也。九五在上，與四一體，四處其下，樂於附從，故與五『相孚』，而用力以畜乾也。」

胡仲虎曰〔註71〕：「九五陽實，曰『有孚』。六四陰虛，亦曰『有孚』。何也？《中孚》，二陰居一卦之中，中虛為信之本。二、五皆陽居上下卦之中，中實為信之質。《小畜》四與五皆曰『有孚』，亦此意。」

九五：有孚攣如，富以其隣。

《象》曰：「有孚攣如」，不獨富也。

此所謂「剛中而志行」也。四為成卦之主，五為眾陽之主，四與五合志，五與四同體，四有孚，五亦有孚，一體固結，攣如之象，不獨孚同體，兼孚同德，「富以其隣」之象。陽與陽為隣，乾陽皆五之隣也。〔註72〕《象》言「不獨富」，見得不專以力服人。感動人心，全恃此孚耳，明孚之為本也。

〔註69〕焦竑《易筌》卷一《小畜》：「蓋血，陰物也，血去則雖純陰而絕無陰血之累；惕，乾惕也，惕出則雖非乾而終日皆乾惕之心。」李贄《九正易因·小畜》：「蓋血，陰物也，唯血去則雖純陰而絕無陰血之累；惕，乾惕也，唯惕出則雖非乾而終日皆乾惕之心。」郝敬《周易正解》卷四《小畜》：「陰質濁而多污，四能去其血。陰性疑而多憂，四能出其惕，血去則雖陰而無陰濁之累，惕出則雖非乾而皆乾惕之心。」

〔註70〕見卓爾康《周易全書·小畜》。（四庫全書存目叢書補編第 90 冊，第 113 頁）

〔註71〕見胡炳文《周易本義通釋》卷一《小畜》。

〔註72〕潘士藻《讀易述》卷二《小畜》：「述曰：四為成卦之主，而九五又用六四者也。四與上合志，五與四同體，四陰虛，五陽實，有陰陽虛實相孚之義，一體固結，攣如而不可解也。巽為繩，攣如之象。五誠孚四，因四以孚三陽，向之欲畜而縻之者，咸畜聚而為吾有，是謂『富以其鄰』。陽與陽為鄰，乾陽皆五之鄰也。」

「富即畜聚之義。」〔註73〕「陽實為富，陰虛為不富。」〔註74〕《否》六四、《謙》六五皆言「不富」。巽為利市三倍，亦富之象。巽為繩，攣如之象。

胡仲虎曰〔註75〕：「『攣』字與『牽』字皆有相連之義。初與二皆乾體，故二連初，有牽之象。四與五皆巽體，故五連四，有攣之象。《大有》六五亦言『厥孚交如』。『交如』者，異體之交也。『攣如』者，同體之合也。」

《大畜》以艮畜乾。艮，止也。牛牿、豕牙，皆止之具也。《小畜》以巽畜乾。巽，入也。「有孚攣如」，皆入之義也。

上九：既雨既處，尚德載。婦貞厲。月幾望，君子征凶。既，從白從匕。《字書》：日月之望從臣，瞻望之望從亡，下皆從壬。壬音挺。《石經》作「望」。

《象》曰：「既雨既處」，德積載也。「君子征凶」，有所疑也。

上爻總論一卦之義，如《大有》上爻非獨以上言也。「上九畜道已成，昔之不雨者，今既雨矣。」〔註76〕「既雨」，則陰陽各得其所而安處矣。「尚德載」與「說輻」應，「婦貞厲」與「反目」應。「貞厲」者，言婦之厲以貞，而厲非以強悍為厲也。陰德至此，如月之幾望而圓滿矣。四句詞繁而不厭，無非形容畜道已成，君子於此宜善始善終之意，故又戒之曰「征凶」。《象》即以德積載釋雨處，見所謂雨處者非以術籠勢劫，乃陰德之積滿而然，君子於此尚可有所疑乎？疑人者，人亦疑之，疑則戰，國家之禍自此始矣。有疑與有孚相反，聖人於上爻特書「君子」，則所謂六四者不知其何如人也。私記。

蔡虛齋曰〔註77〕：「處如『處暑』之『處』。七月立秋，然後處暑，言暑至此而止也。」

《象》通論一卦之體，故曰「密雲不雨」。爻各言一爻之德，故曰「既雨既處」。如《履卦》「不咥人，亨」，爻言「咥人凶」；《比》卦云「比吉」，上云「無首，凶」；《復》卦「復亨」，上云「迷復，凶」；皆卦與爻義相反。

〔註73〕藩士藻《讀易述》卷二《小畜》。
〔註74〕見吳澄《易纂言》卷一《小畜》。
〔註75〕見胡炳文《周易本義通釋》卷一《小畜》。
〔註76〕項安世《周易玩辭》卷二《小畜·上三爻》：「上九居畜之極，畜道已成。昔之不雨者，今既雨矣。昔之尚往者，今既處矣。昔之脫輻者，今為載矣。昔之反目者，今為婦矣。象之所謂亨，於是見之。」項氏之說又見焦竑《易筌》卷一《小畜》，不言係引用。
〔註77〕見蔡清《易經蒙引》卷二中《小畜》。

王伯厚曰〔註78〕：「《易》中言『月幾望』者三，皆對陽而言。《中孚》言『從乎陽』，《歸妹》言『應乎陽』，此則言『抗乎陽』也。」

沈氏曰〔註79〕：「此所謂君子者，吾不知其誰。雖以陽為君子，陰為小人，然如《大畜》、《小畜》諸爻，未可定其孰為君子，孰為小人也。《大過》、《小過》亦如此。」

朱康流曰〔註80〕：「《彖傳》云『柔得位而上下應』，止言一陰畜五陽，不言巽畜乾也。但五陽之中，有為所畜而相得者，五與上是也；有為所畜而不相得者，三是也；有為所畜而自遠者，初與二是也。蓋初、二、三為異體之應，應之而卒以異；五、上為同體之應，應之而卒以同；故曰『上合志』。」又曰〔註81〕：「『不獨富』，非同力畜乾之說也。」

履 兌下乾上

履：虎尾，不咥人，亨。履，音裏，足所依也。從舟，象履形。毛氏曰：舟能載物，履能載人。從尸聲也。從彳從文。

《彖》曰：履，柔履剛也。說而應乎乾，是以「履虎尾，不咥人，亨」。剛中正，履帝位而不疚，光明也。

朱元晦曰〔註82〕：「『履』，有所躡而進之義也。以兌遇乾，和說以躡剛強之後，有『履虎尾』而不見傷之象。」胡仲虎曰〔註83〕：「程《傳》訓履為踐為藉，以上下論也。《本義》云『有所躡而進』，以前後論也，於『尾』字為切。諸家多以兌為虎，《本義》以乾為虎，本夫子《彖傳》意也。大抵人之涉世，舉足動步皆履也，皆有危機，則皆虎也。太平之代，虎不食人。不為所傷，乃見學問。」

〔註78〕王應麟《困學紀聞》卷一《易》：「《小畜》上九『月幾望』則凶，陰亢陽也。《歸妹》六五『月幾望』則吉，陰應陽也。《中孚》六四『月幾望』則无咎，陰從陽也。曰『幾』者，戒其將盈，陰盈則陽消矣。」

〔註79〕見沈一貫《易學》卷二《小畜》。

〔註80〕見朱朝瑛《讀易略記·小畜》，無「故曰『上合志』」。（《四庫全書存目叢書》經部第24冊，第742頁）

〔註81〕出處不詳。

〔註82〕見朱熹《周易本義》卷一《履》。

〔註83〕見胡炳文《周易本義通釋》卷一《履》。其中，「太平之代，虎不食人」先見李鼎祚《周易集解》卷三《履》，稱「《九家易》曰」。

黃葵峰曰〔註84〕：「或問『柔』、『剛』、『說』、『乾』四字何別？曰：『柔』、
『剛』且以各人本等性質言，『說』、『乾』則二人之所以相與者也。『柔履剛』
只解得『履』字。履危而不危，全在『說而應乎乾』。上以柔履剛，剛狠不可，
機械不可，惟以兌說應之，則雖至危之地，亦無所不安矣。《莊子》曰〔註85〕：
『虎之與人異類，而媚養己者，順也。』」

「剛中正」數句，若泛論君道，與上文何涉？上言「柔履剛」，此言「剛
中正」，兩「剛」字相承，正指五也。剛不徒剛，中而且正，此聰明睿知，漢
高、漢武之流。為之下者，若用智謀逞才氣，未有不遭其咥者。此正見虎尾之
難履處。蓋事君難，而事英主尤難也。私記。

俞玉吾曰〔註86〕：「《易》以剛居上，不獨一卦。於《履》獨曰『帝位』，
蓋《履》辨名分之卦也。」

劉元炳曰〔註87〕：「乾、坤合六子之卦，其義皆取諸六子。六子之三爻，
其義皆取諸一陰一陽。履之時義，當取諸兌，而兌當取諸三爻，乃作《易》之
大法，重卦之定旨也。」

章本清曰〔註88〕：「下兌上乾，《履》。曰『柔履剛』，自三之柔爻言也。
下兌上坤，《臨》。曰『剛臨柔』，自二之剛爻言也。卦名、《象》義皆以陰陽爻
數之少者為主。」

虎能夜視，視止一目射之，光墜地成白石。尾端有骨如乙字，長一二寸
許者，乃其威也。

《象》曰：上天下澤，履。君子以辨上下，定民志。

賈子曰〔註89〕：「勢明則民定而出於一道，故人爭為宰相而不奸為世子，
非宰相尊而世子卑也，不可以知求，不可以力爭也。」又云〔註90〕：「尋常之
室無奧標之位，則父子不別。六尺之輿無左右之義，則君臣不明。」

〔註84〕見張振淵《周易說統》卷二《履》。
〔註85〕見《莊子‧人間世第四》。
〔註86〕俞琰《周易集說》卷十五《象傳二》；「《易》六十四卦，以乾居上者，不特一
　　　　卦，未嘗於九五言帝位。唯《履》九五獨言『帝位』，聖人之意可見矣。履者，
　　　　辨名分之卦也。」
〔註87〕不詳。
〔註88〕不詳。
〔註89〕見賈誼《新書‧立後義》。
〔註90〕見賈誼《新書‧禮》。

程正叔曰〔註91〕：「古者冠婚喪祭，車服器用，等差分別，莫敢僭逾，故財用易給，而民有常心。今禮制未修，奢靡相尚。卿大夫之家，莫能中禮，而商販之類，或逾王公。禮制不足以簡飭人情，名數不足以旌別貴賤，既無定分，則奸詐攘奪，人人求厭其欲而後已。此爭亂之道也。」

何閩儒曰〔註92〕：「所謂辯者，亦於細微之際，人所易忽者明別之耳。人知主威不可犯，而不知路馬不可齒；知兄臂不可紾，而不知疾行為不弟。君子欲移風易俗，必於隱微疑似之間，區分縷析，使民凜然畏懼，不敢逾越尺寸，乃可定其心志。若徒曰天尊地卑，君上臣下，則古之奸雄僭逆悍然不顧，何接踵比肩哉！」

初九：素履，往无咎。

《象》曰：「素履」之往，獨行願也。

「以陽在下，居履之初，未為物遷，率其素履者也。」〔註93〕履道惡華，素乃无咎。無應故曰獨。獨，專也。人各有願，若欲貴之心與行道之心交戰於中，豈能安履其素哉？〔註94〕此是教人出門第一步。崔仲鳧曰〔註95〕：「隨分而止，人之大美。非分而求，人之大惡。」

九二：履道坦坦，幽人貞吉。

《象》曰：「幽人貞吉」，中不自亂也。

履道尚謙惡盈，尚誠惡飾。二在內卦之中，不偏不頗，坦坦之象。「坦坦」即居易也。二臣位而言幽人者，以其無應於上，雖處富貴，淡然不以得失自亂故也。不以棼華染其醇白之行，則曰素。不以廊廟損其山林之致，則曰幽。〔註96〕

〔註91〕見程頤《論十事箚子》。

〔註92〕見何楷《古周易訂詁》卷二《履》。

〔註93〕見朱熹《周易本義》卷一《履》。

〔註94〕程頤《伊川易傳》卷一《履》：「獨，專也。若欲貴之心與行道之心交戰於中，豈能安履其素也？」

〔註95〕崔銑，字子鍾，一字仲鳧，安陽人。明·何喬遠《名山藏》卷七十五《臣林記》有傳。《經義考》卷五十一著錄其《讀易餘言》五卷、《易大象說》一卷。此引文見崔銑《洹詞》卷四《六二鴻漸於磐飲食衎衎吉》，又見胡居仁《易像鈔》卷七。

〔註96〕錢士升《周易揆》卷二《履》：「履道尚謙惡盈，務誠惡飾。二以陽處陰，在內卦之中，坦坦之象。『坦坦』即居易也。二臣位而言幽人者，以其無應於上，

無應於上，而與三比。三志剛尚氣，得時行事，是儕輩中之虎也。九二以剛居柔而得中，不設機械，不為詭異，平易恬淡，與三無忤，三亦莫能加之，此履之最善者也。《象》曰「中不自亂」，「自」字最有味。讀「獨行」、「願不自亂」二語，可見世路崎嶇，全看主宰如何。若胸中作得主，不以禍福利害動其心，則虎豹豺狼可以狎處。張太嶽云：「高岡虎方怒，深林蟒正嗔。世無迷路客，終是不傷人。」陽明先生云：「東家老翁防虎患，虎夜入室銜其頭。西家小兒不知虎，持竿驅虎如驅牛。」較太嶽更進一層矣。私記。

說個履道，未免涉矜，持露形跡。曰「坦坦」，則行所無事，委蛇安步，非徒不露英雄氣象，並不作聖賢面孔，荊棘盡為康莊矣。私記。

錢塞庵曰〔註97〕：「兌以說應乾，而初、二爻詞若與說應無關者，何也？說，和說也，說以和陽，非以媚陽也。初曰『素履』，二曰『履道』，只依著本分，憑著道理，淡然坦然，與上無應，而其閒靜和平之氣，能使乾剛自調，不說而說，不應而應。若有說上之心，胸中先自亂矣，何以應乾？」

丘〔註98〕**行可**曰〔註99〕：「履以陽爻處陰位為美，二與四同。而二有坦坦之吉，四有愬愬之懼者，二得中而四不得中也。二與五各得中位，二貞吉而五貞厲者，二以剛居柔，五以剛居剛也。」

六三：眇能視，跛能履。履虎尾，咥人，凶。武人為於大君。

《象》曰：「眇能視」，不足以有明也。「跛能履」，不足以與行也。「咥人」之凶，位不當也。「武人為於大君」，志剛也。

王輔嗣曰〔註100〕：「六三為兌之主，以說應乾，成卦之體，在此一爻，故《象》言雖危而亨。爻不論成卦，而專指爻位之不當，故不獲亨而見咥。」

雖處富貴，淡然不以得失自亂故也。不以紛華染其醇白之行，則曰素。不以巖廊損其山林之致，則曰幽。又中爻互離，二居離下，幽象也，故《歸妹》九二亦曰幽人。」

〔註97〕見錢士升《周易揆》卷二《履》。

〔註98〕「丘」，四庫本作「邱」。

〔註99〕見胡廣《周易大全》卷五《履》、姜寶《周易傳義補疑》卷二《履》。又見何楷《古周易訂詁》卷二《履》，然未注係引用。

〔註100〕王弼《周易略例·略例下》：「故履卦，六三為兌之主，以　於乾，成卦之體，在斯一爻，故《象》敘其應，雖危而亨也。象則各言六爻之義，明其吉凶之行。去六三成卦之體，而指說一爻之德，故危不獲亨而見咥也。」

一陰居五陽之中，自謂一卦之主，志在統攝諸剛，而不知身之不中不正，不足與有為也。「位陽能視，而陰居之為眇；位剛能履，而柔居之為跛。」〔註101〕眇未有能視者而曰「能視」，跛未有能履者而曰「能履」，予聖予雄，蓋不獨三自謂能也，天下亦信其能矣。由聖人觀之，「咥人」之「凶」皆能之一念誤之也。故一則曰「不足」，再則曰「不足」，長言以深醒之，下乃說明賈禍之故，曰「位不當」，曰「志剛」。夫以位不當之人，而行以剛猛之志，其一蹶不收也，又何疑哉！私記。

「六三居兌之成。兌為毀折，故稱『跛』、『眇』。」〔註102〕「大君」指九五。不曰為而曰「為於」，言徒以膂力之剛效，使令不學無術可知。**劉念臺曰**〔註103〕：「本言履也，而推本於視，惟其強不知以為知，故亦強所不行以為可行也。」

胡庭芳曰〔註104〕：「或謂六三陰柔，非武人之象。不知陽類多寬和，陰類多強暴。陽主生，陰主殺。陽氣溫厚，陰氣嚴凝也。」

胡仲虎曰〔註105〕：「行不中則跛。《歸妹》初爻但曰跛，不中也。視不正則眇。《歸妹》九二但云眇，不正也。《履》六三並書之者，不中且不正也。爻以位為志，其所自處如此，則志可知矣。三志剛，所以觸禍。四志行，所以避禍。凡卦詞以爻為主，則爻辭與卦同。如《屯》卦『利建侯』，而初爻亦『利建侯』。以卦上下體論，則爻辭與卦不同如此。卦云『履虎尾，不咥人』，而六三則曰『咥人』是也。」〔註106〕

九四：履虎尾，愬愬終吉。

《象》曰：「愬愬終吉」，志行也。

王輔嗣曰〔註107〕：「迫近至尊，以陽承陽，處多懼之地，故曰『履虎尾』。然以陽居陰，以謙為本，雖處危懼，終獲其志。」《象》申之以「志行」，見所

〔註101〕見趙汝楳《周易輯聞》卷一下《履》。

〔註102〕見潘士藻《讀易述》卷三《履》。按：此前，熊過《周易象旨決錄》卷一《履》：「六三居兌之成，互離之目、互巽之股，皆為毀折，故稱眇、跛。」

〔註103〕見劉宗周《周易古文鈔·履》。（吳光主編《劉宗周全集》第一冊，浙江古籍出版社2007年版，第66頁）

〔註104〕見胡一桂《易本義附錄纂疏》上經第一《履》。

〔註105〕見胡炳文《周易本義通釋》卷一《履》。

〔註106〕按：以上兩則原在九五爻之前。原注「已上二則，在六三爻下。」今移於此。

〔註107〕王《注》見《周易正義》卷三《履》。

謂「終吉」者非徒長享富貴，所謂「愬愬」者亦非為保守富貴。致君澤民，四之素志。英雄之主，千載難遇。少有齟齬，非徒一事無成，抑且萬事莫贖。「愬愬」而後「志行」，可見大臣欲展舒其志，全不在炫才使氣。徐中山之事明高帝，頗得此道。私記。

胡仲虎曰〔註108〕：「三『履虎』，四亦言之者，承三而言也。大抵以兌說視乾剛，則乾為虎。自乾之三爻視之，五以剛居剛，則五為虎也。三、四皆不中正，而佔有不同者，三以柔居剛，四以剛居柔也。」

郝仲輿曰〔註109〕：《履》與《小畜》本純乾之卦，一陰往來於三、四凶懼之地，變而為《小畜》為《履》。陰當位，則為《小畜》之六四，文王所以服事殷商也。陰不當位，則為《履》之六三，韓信所以死於漢高也。《傳》曰『咥人，凶』，位不當，為其犯五也。」

或曰〔註110〕爻以位為志，如《履》三言志剛，卻補出才弱，《履》四言志行，又謂〔註111〕九雖剛而志柔，似屬蛇足。且聖人明言剛柔相易，不可為典要，今說《易》者不知六爻相雜之有主，但以爻位之剛柔言當與不當，執一爻以論爻，而不通六爻以論爻，是一爻之變未適也，何以通之諸爻乎？〔註112〕

九五：夬履，貞厲。夬，從又。俗作央，缺一點，非義。見夬卦。

《象》曰：「夬履，貞厲」，位正當也。

此所謂「履帝位而不疚」者。九五以剛居中，而下以兌說應之，凡事必行，無所疑礙。「夬履」之象。〔註113〕孔仲達云〔註114〕：「所以『夬履貞厲』者，以其處九五之位，不得不決防，不得不『貞厲』，故曰『位正當』也。」潘去華曰〔註115〕：「貞者，舉動正。大厲者，君威嚴厲。不正則剛失於過，不

〔註108〕見胡炳文《周易本義通釋》卷一《履》。
〔註109〕見郝敬《周易正解》卷四《履》。
〔註110〕指胡炳文。《周易本義通釋》卷三《象上傳·履》：「爻以位為志。三『志剛』，所以觸禍；四『志行』，所以避禍。」
〔註111〕指程頤。《伊川易傳》卷一《履》：「蓋九雖剛而志柔，四雖近而不處，故能兢慎畏懼，則終免於危而獲吉也。」
〔註112〕此一節見胡居仁《易像鈔》卷七。
〔註113〕朱熹《周易本義》卷一《履》：「九五以剛中正履帝位，而下以兌說應之，凡事必行，無所疑礙，故其象為夬決其履。」
〔註114〕孔《疏》見《周易正義》卷三《履》。
〔註115〕見潘士藻《讀易述》卷三《履》。

屬則陰易以乘。」非五之剛健中正，孰能當之？按：貞屬是夬履氣象，正當是貞屬根原。「猛虎不處卑勢，鷙鳥不立垂枝。」〔註116〕

上九：視履考祥，其旋元吉。考，從丂。祥，從示。

《象》曰：「元吉」在上，大有慶也。

總前卦爻詞而觀之，吉凶悔吝之故，居然可見矣。故視所履以考其祥，莫如旋而返下。旋即凱旋之旋，謂還歸也。初言往，上言旋。初、上，履之終始，昔往而今旋也。合諸人事，則為功成名遂之際，奉身而退，善刀而藏，如子房之辟穀、范蠡之扁舟，則終身不遭毒手。所謂「不咥人」者，至此乃真不咥矣。此非一身一家之事，君臣相保，社稷蒼生之福，故不徒曰吉而曰「元吉」，不徒曰慶而曰「大有慶」。潘去華曰〔註117〕：「百順之福，生於自反。至當之德，歸於有終。」曰視曰考曰其，皆酙酌之詞。私記。

《繫辭》曰「履不處也」，旋即不處之義。

蔡介夫曰〔註118〕：「不考吉凶而曰『考祥』，祥，吉之先見者也。人事多方，有近有遠，非可以旦夕計。然所履已終其祥，可得而考。如執玉高卑，其容俯仰，而子貢知二君之將亡，亦非以目前論也。」

胡仲虎曰〔註119〕：「《小畜》、《履》上九皆不取本爻義。《小畜》取畜之終，《履》取履之終。《小畜》之終從六四一陰說，《履》之終統諸爻說。」

邱行可曰〔註120〕：「初、上，履之始終也。初言往，上言旋，一進一反，而履之象見矣。中四爻以剛履柔者吉，以柔履剛者凶。」九五以剛履剛，君道以剛為主，與諸爻又自不同也。

張西農曰：「昔人品題名士，不以風流所歸，乃在門庭蕭寂。漢、晉叔度而下，其風軌有足懷者，如右軍、靖節，淡然泊然，真陋巷風味。坦坦幽人，而論者不列儒林，得無以清辭妙翰，漉酒安歌，言不及已發未發、太極無極，遂非聖人之徒耶？」補遺。

〔註116〕見《太平御覽》卷八百九十二《獸部四》，稱「蔣濟《萬機論》曰」。
〔註117〕見潘士藻《讀易述》卷三《履》。
〔註118〕見蔡清《易經蒙引》卷二中《履》。
〔註119〕見胡炳文《周易本義通釋》卷一《履》。
〔註120〕見胡廣《周易大全》卷五《履》、姜寶《周易傳義補疑》卷二、張振淵《周易說統》卷二。又見焦竑《易筌》卷一《履》，不言係引用。

泰☷乾下坤上

泰：小往大來，吉，亨。《說文》：泰，滑也。從廾從水，大聲。他蓋切。何閩儒曰：廾音拱，竦手也。疑是以手掬水灑物，故有滑意。〔註121〕《字書》：泰，通也，安也，寬也，大也。

《彖》曰：「泰，小往大來，吉，亨」，則是天地交而萬物通也，上下交而其志同也。內陽而外陰，內健而外順，內君子而外小人，君子道長，小人道消也。

「天尊地卑，乾坤定矣」，此不易之分，不易之理也。然則乾下坤上是《否》象，坤下乾上是《泰》象，庸俗人所知也。聖人設卦觀象，別具眼孔，於乾下坤上看出陰陽融洽氣象，而命之曰泰，繫之曰「小往大來」。洗心讀之，覺尊卑上下俱是形跡，中間自有一種流行至理，令人拘執障礙之見渙然冰釋。私記。

小者自往，無去小人之勞，且不見其為小人，是無小人也，而小人道消。大者自來，無援君子之跡，並不見其為君子，是皆君子也，而君子道長。〔註122〕卓去病曰〔註123〕：「『小人道消』，不是斥遠，亦不必調停，正氣足則邪氣自消。消者，消其道，非消其人也。」《泰》、《否》之《彖》，歸宿在君子小人，故曰《易》以天道明人事。

蘇子瞻曰〔註124〕：「陽始於《復》而至於《泰》，《泰》而後為《大壯》，《大壯》而後為《夬》。『泰』之世，不若『大壯』與『夬』之世，小人愈衰而君子愈盛也。然聖人獨安夫『泰』者，以為世之小人不可勝盡，必欲迫而逐之，使之窮而無歸，其勢必至於爭，爭則勝負之勢未有決焉，故獨安夫『泰』。使君子居中，嘗制其命，而小人在外，不為無措，然後君子之患無由而起，此『泰』之所以為最安也。」

〔註121〕何楷《古周易訂詁》卷二《泰》：「泰者，滑也。滑者，利也，流通無滯之稱。《說文》云：『從廾從水，大聲』；『廾，竦手也。』從廾從水，疑是以手掬水灑物，故有滑意。」
〔註122〕李贄《九正易因·否》：「此不見其為小人，彼不見其為君子，此不見其為小人，是無小人也，而小人道消；彼不見其為君子，則皆君子也，而君子道長。」
〔註123〕見卓爾康《周易全書·泰》。（四庫全書存目叢書補編第90冊，第129頁）
〔註124〕見蘇軾《東坡易傳》卷二《泰》。

張彥陵曰〔註125〕：「天不能無陰，人不能無小人。小自往，大自來，如一條通衢大路，任人往來，不必互相排擊，互相援引，方是『泰』的世界。或曰：如此，恐與《否》卦往來字有礙。曰：往來自是一般，只要論往來之人何如耳。《泰》先言『小往』而後言『大來』，是以小之往成其大之來也，故其路便通達而無礙。《否》先言『大往』而後言『小來』，是以大之往成其小之來也，故其途便阻塞而不通。」又曰：「此節是《彖傳》中變例。聖人覩此世界，不覺為吾道踴躍稱慶，把卦辭一口吐出，直恁通暢。玩『則是』口氣、『天地交』等語，正是從『泰』的時節看出許多好處，不徒釋卦詞意。」

君子小人，內外不必在朝在野，只當權不當權便是。「魏文靖事宋穆陵，進講《泰》卦曰：『內君子，外小人，固為泰。第在外而心腹是寄，不為外；在內而情意不親，不為內』，可謂深於內外之解矣。」〔註126〕

郝仲輿曰〔註127〕：「天地間只一陽氣，無一息不往來。陽來即是陰往，陽往即是陰來。陽來，萬物通暢而泰；陽往，萬物消歇而否。其實一陽而已。」

胡庭芳曰〔註128〕：「文王卦辭中如《泰》卦『小往大來』、《否》卦『大往小來』之類，孔子《彖傳》中如《隨》卦『剛來下柔』、《蠱》卦『剛上柔下』之類，蓋言一卦中陰陽自相上下往來，所謂『上下無常，剛柔相易』也。伏羲當初畫卦，六十四卦一時俱定，此卦固非是彼卦變來，彼卦亦非自此卦變去，聖人觀卦繫辭，偶然見有此象，又從而取之，於以見《易》道之變無有終窮，而道理亦只在聖人口頭說出便是也。」

〔註125〕二則見張振淵《周易說統》卷三《泰》，然無「天不能無陰，人不能無小人」。此二語見宋・張行成《皇極經世觀物外篇衍義》卷八《觀物外篇下之中》、元・趙汸《周易文詮》卷一《泰》。

〔註126〕見何楷《古周易訂詁》卷二《泰》。
按：此前，焦竑《易筌》卷一《泰》：「魏文靖事宋穆陵，進講《泰》卦，嘗曰：『內君子，外小人，固為泰也。第在外而心腹是寄，不為外；在內而情意不親，不為內。』一時聞者無不歎賞，公之納約自牖者微矣。」
清・黃廷桂《雍正四川通志》卷四十四《藝文》載游侶《鶴山師友雅言序》，曰：「然公之再入勸誦金華，嘗過余，語：『今日進講，至《易》之《泰》，吾從旁奏：內君子，外小人，固為泰也。第在外而心腹是　，不為外；在內而情意不親，不為內。』余擊節稱歎，公亦自得。」

〔註127〕見郝敬《周易正解》卷五《泰》。

〔註128〕見胡一桂《周易本義啟蒙翼傳》下篇《卦爻變動有三》。

《象》曰：天地交，泰。後以財成天地之道，輔相天地之宜，以左右民。

蘇子瞻曰〔註129〕：「物至於泰極矣，不可以有加矣。故因天地之道而裁成之，即天地之宜而輔相之，以左右民，使不入於否而已。否，未有不自己甚者始，故左右之，使不失其中，則泰可以常有也。」

初九：拔茅茹，以其彙，征吉。拔，從犮，不從反。
《象》曰：「拔茅」，「征吉」，志在外也。

王輔嗣曰〔註130〕：「茅之為物，拔其根而相連引者也。三陽同志，初為類首，舉則類從」。故曰「以其彙，征吉」。**胡仲虎曰**〔註131〕：「初曰『以其彙』，君子與君子為類也，三陽欲進而以之者在初。四曰『以其隣』，小人與小人為類也，三陰欲復而以之者在四。」○〔註132〕「《泰》之『征吉』，引其類以有為。《否》之『貞吉』，擇其人以有待。」〔註133〕

「外」謂外卦，初九身在三陽之下，處《泰》之初，而即志在外之陰，欲使安頓得所，故致四等「翩翩」，相信而小大相交也。〔註134〕「初志在外，以陽感陰。四為坤首，以陰從陽。陰陽交和，成『泰』之道，實基於此。」〔註135〕

李子思曰〔註136〕：「卦以氣交，自上而下也。爻以位升，自下而上也。」○〔註137〕茅草名茹。茅根，彙類也。初在下，根象。〔註138〕

九二：苞荒，用馮河，不遐遺。朋亡，得尚於中行。苞，《石經》從草。
《象》曰：「苞荒」，「得尚於中行」，以光大也。

九二為《泰》之主，致「泰」者也。〔註139〕內之二陽，外之三陰，皆賴

〔註129〕見蘇軾《東坡易傳》卷二《泰》。
〔註130〕王《注》見《周易正義》卷三《泰》。
〔註131〕見胡炳文《周易本義通釋》卷一《泰》。
〔註132〕此處原為空格，今以「○」區分。
〔註133〕見王應麟《困學紀聞》卷一《易》。
〔註134〕李贄《九正易因‧泰》：「故初九身在三陽之下，處大之初，而即志在外之陰，欲以來交於小，連拔三陽，以其彙進，故致四等翩翩，相信而小大交也。」
〔註135〕見何楷《古周易訂詁》卷二《泰》。
〔註136〕見馮椅《厚齋易學》卷十《泰》。
〔註137〕此處原為空格，今以「○」區分。
〔註138〕錢士升《周易揆》卷二《泰》：「茹，茅根，初在下，根象，彙類也。」來知德《周易集注》卷三《泰》：「茹者，根也，初在下，根之象也。彙者，類也，與『蝟』字同，似豪豬而小，滿身毛刺。同類多，故以彙為類。」
〔註139〕崔銑《讀易餘言》卷一《泰》：「致泰者，九二也。毀泰者，六四也。」

以調和浹洽。少立崖岸，便啟事端，故以「包荒」為第一義。荒如洪荒之荒，山川榛莽，渺茫無際。包如天之包地，不問清濁，不論高下，混混沌沌，一概絣蕪。三陰三陽所以各安於內外，而毫無間隙者，皆包荒之力也。「用馮河」者，委身於艱難，而勇往圖濟也。「不遐遺，朋亡」者，不棄疏遠，不私親近也。如此，乃得上合於六五之中行。《象》只提「包荒」兩字，可見「馮河，不遐遺，朋亡」皆「包荒」內事。險遐與黨類，正所謂荒也。以險而避非包也，以遐而遺非包也，以類而比非包也，故曰「包荒」。〔註140〕「得尚於中行」，得者，慶幸之詞；尚如列侯尚公主之尚。吳因之曰〔註141〕：「四件一時俱有，蓋一事之中，而四者齊備，絕非各有所宜之謂。」

　　《玩辭》云〔註142〕：「九二剛而能柔，其道中平，無所偏倚，聯在外三陰，與之相應，如徒步涉河，無所疑忌。陰雖遠而不之遺，陽雖近而不之比，獨離其朋，上合於六五之中行。二、五相易，遂成《既濟》。」

　　若誤認「包荒」，則胡廣之中庸、味道之模棱，何嘗不自附於中行？不知心事曖昧，全是貪位慕祿伎倆，誤天下蒼生者，必此人也。所以夫子推原到根本上去說「包荒」，未必盡是中行，而「得尚於中行」者，以其「光大」也。「光」如日月之光，無所不照臨。「大」如天地之大，無所不覆載。一切賢愚好醜是非人我，投諸此中，毫無著落，有何人容不得？何事做不來？旋乾轉坤，如以針鋒刺一棗葉，天下萬世賴之矣。私記。

　　九三：無平不陂，無往不復。艱貞无咎，勿恤其孚，於食有福。

　　《象》曰：「無往不復」，天地際也。

　　九三當泰極否來之際，保泰之機全在於此，故極陳循環之理、持盈之道，以深戒之。平陂二句，非徒說天運，正見得消長之幾，間不容髮，艱難守正，及時挽回，乃得无咎。讀平陂二句，泰極否來之理萬分的確，令愚者灰心，知者卻步，似乎人事一無所用，故聖人以「勿恤」寬大其懷抱，慫憑其精神，令人憂疑之心豁然放開。既「勿恤」矣，將何以救之？其惟孚乎！真心為國為民，

〔註140〕張振淵《周易說統》卷三《泰》：「唐凝菴曰：『包荒』如天之包地，險遐與非類，正所謂荒也。以險而避非包也，以遐而遺非包也，以類而分非包也，故曰『包荒，得尚於中行』，重在『包荒』上。』」

〔註141〕見張振淵《周易說統》卷三《泰》。又見潘士藻《讀易述》卷三《泰》，未言係引用。

〔註142〕見項安世《周易玩辭》卷三《泰九二》。

開載布公，以祈天祐，則國家安寧，神情暇裕。退食之際，亦自衎衎，非徒「无咎」，「於食有福」。不則相疑相忌，有食不下嚥者矣。「其」字是斟酌語。「勿恤」即李長源「凡人可言命，君相不可言命」之說。來矣鮮曰〔註143〕：「『無平不陂』以上卦地形易險之理言，『無往不復』，以下卦天氣往來之理言。」私記。

《說文》：「際，壁會也。」下乾上坤，正相交之處，故曰「天地際」。不曰否泰而曰「天地」者，天地乃否泰所自出，非離非合，相摩相蕩，氣數到此，蓋剝復之交、玄黃之戰也。非至聖神人，孰能窺其際乎？張彥陵曰〔註144〕：「《象》提出『際』字，要人及時挽回，再遲延不得。」

六四：翩翩，不富以其隣，不戒以孚。

《象》曰：「翩翩，不富」，皆失實也。「不戒以孚」，中心願也。

錢啟新曰〔註145〕：「『翩翩』者，雛載飛載下，翩翩疾飛貌。又往來貌。急於奉公，朝夕不，暇啟處不遑也。『不富』，忘其家計，忘其身圖也。初與三陽同類，一德一心，『以其彙』也。四與三陽非同類，左之右之，無之不見其可親，『以其隣』也。法度明，章程一，君子不煩告戒，小人無不委心承聽，『不戒以孚』也。『不戒以孚』，小人輸誠以事君子於內。『勿恤其孚』，君子推誠以任小人於外。惟泰交之三、四有此。」

孚從中起。三、四居一卦之中，故皆「有孚」。兩「孚」字相應，三為卦主，四為陰首，三孚四，四孚三，交泰窾繁，實在於此。〔註146〕

當泰之時，小人見眾君子在朝，憤懥媢嫉，時刻不忘，若有物橫於胸中者然，所謂「實」也。自有九二之「包」、九三之「孚」，無偏無黨，小人到此，向來磊塊全體放下，若有物而失去者然，所謂「失」也。莊子云：「今者吾喪我。」喪者，失也。凡物之失，皆以相忘之故，「失實」二字摹寫最妙，此正泰之景象。若有一毫我相人相，見得彼是君子，此是小人，尚得為泰乎？私記。

六五：帝乙歸妹，以祉元吉。祉從示。

《象》曰：「以祉元吉」，中以行願也。

〔註143〕見來知德《周易集注》卷三《泰》。
〔註144〕見張振淵《周易說統》卷三《泰》。
〔註145〕見胡居仁《易像鈔》卷七。錢一本《像象管見》無此語。
〔註146〕焦竑《易筌》卷一《泰》：「三、四爻中二『孚』字正相應，三孚四，四孚三，彼此相信，所以為交泰象。」

此所謂「上下交而其志同」者。「本卦陰陽交泰，陰居尊位，而陽反在下，故其象如此。」〔註147〕

錢啟新曰〔註148〕：「五處上，君位。二處下，臣位。言君臣，則堂階之分猶嚴。言帝妹，則魚水之情至篤。『以祉』，從中而左右四上為以。以陰必從陽，以順必承健，以小人必事君子，以娣必尊君，自內自外，無一人不禔之以福，是為泰五之『元吉』。《象》曰『中以行願』，此『中』、『行』字，正與『尚於中行』相應。」

陸君啟曰〔註149〕：「『祉』言其福，『元吉』贊其大善。『以祉』者，以此受祉也。治以好善為優，德以下賢為盛，君以知臨為宜，竭蹶而圖之，躬親而濟之，雖治定功成，然非有餘之化、可繼之理也，可謂之元吉乎？」

來矣鮮曰〔註150〕：「四曰『中心願』，五則見諸行事矣，故曰『中以行願』。願者何？陰陽和協之謂也。二曰尚，五曰歸，一往一來之意也。二曰中行，五曰中行，『上下交而志同』也。」

項氏曰〔註151〕：「泰之所以成泰者，以六五、九二。九二之陽上交於五，如舜之尚見於帝，故曰『得尚於中行』。六五之陰下交於二，如帝女之下嫁於諸侯，故曰『帝乙歸妹』。治泰之事，皆九二主之，六五獨享其成而已，故九二爻辭言事而不言福，六五爻辭言福而不及事，君臣相與，有成如此。」

子瞻曰〔註152〕：「古《注》〔註153〕：『乾樂上復，坤樂下復。』下復而奪乾，乾則病矣，坤將傷焉。使乾不病，坤不傷，莫如輔。乾之意，行其下復之願，如帝女之歸其夫者。帝女之歸也，非求勝其夫，將以祉之。坤之下復，非求奪乾，將以輔之，如是而後可。」

〔註147〕 來知德《周易集注》卷三《泰》：「因本卦陰陽交泰，陰居尊位而陽反在下，故象以此也。」

〔註148〕 見胡居仁《易像鈔》卷七。錢一本《像象管見》無此語。

〔註149〕 見陸夢龍《易畧·泰》。（《四庫全書存目叢書》經部第19冊，第479頁）

〔註150〕 來知德《周易集注》卷三《泰》：「中者，中德也。陰陽交泰，乃其所願。故二曰尚，五曰歸，一往一來之意也。二曰中行，五曰中行，願上下皆中正，所謂『上下交而其志同』也。四與陽心相孚契，故曰『中心願』。五下嫁於陽，則見諸行事矣，故曰『行願』。惟得行其願，則泰道成矣，所以『元吉』。」曹學佺《周易可說》卷一《泰》、何楷《古周易訂詁》卷二《泰》所載與《周易集注》近同。

〔註151〕 見項安世《周易玩辭》卷三《泰九二六五》。

〔註152〕 見蘇軾《東坡易傳》卷二《泰》。

〔註153〕 按：即王弼《注》。

《彖傳》:「內君子而外小人」,六五亦可謂之小人耶?**胡庭芳云**〔註154〕:「卦分兩體,以象言只是兩象,以人言只是兩人。爻分六位,以象言則是六象,以人言則是六人。各據卦爻而論。」故泰之兩象,則陽象君子,陰象小人;爻之六象,則二卑象臣,五尊象君。

朱康流曰〔註155〕:「《周書》:『自成湯至於帝乙,罔不明德慎罰』,是帝乙處商家泰運之終,故六五象之。」**郝仲輿曰**〔註156〕:「按商帝號乙者,前有成湯為天乙,中有祖乙、武乙,而帝乙最後。《左傳·襄公九年》:『微子啟,帝乙之長子也。』帝乙七祀,文王始立,立三十祀而帝乙崩。然則帝乙正當文王之世。周公作爻辭,蓋據文考時王為象。」

上六:城復於隍。勿用師,自邑告命,貞吝。

《象》曰:「城復於隍」,其命亂也。

「泰極生否,聖人於三示其端,於上要其極。警戒之意,亦消長之理。」〔註157〕兩「復」字正相應。**郝仲輿曰**〔註158〕:「『用師』謂動眾修城治隍,此常理也。乃禁勿用眾,但自邑告以命之,當否非人力可為。夫否、泰雖命,而補弊〔註159〕則存乎人。坐以待弊〔註160〕,『貞吝』之道也。」**葉敬之曰**〔註161〕:「古者天子有道,守在四裔,其次守在諸侯。今乃告自邑焉,何其圖之不豫也!」**蘇君禹曰**〔註162〕:「累治成泰,猶累土成城。『城復於隍』,

---

〔註154〕胡一桂《周易本義啟蒙翼傳》上篇《周公易》:「大抵卦分兩體,以象言則只是兩象,以人言則只是兩人。爻分六爻,以象言則分為六象,以人言則分為六人,與卦體全不同矣。各據卦爻而論可也。」

〔註155〕見朱朝瑛《讀易略記·泰》。(《四庫全書存目叢書》經部第24冊,第747頁)

〔註156〕見郝敬《周易正解》卷五《泰》,無「《左傳·襄公九年》:『微子啟,帝乙之長子也』」一句。按:「微子啟,帝乙之長子也」載《左傳·哀公九年》,非「襄公九年」。

〔註157〕見焦竑《易筌》卷一《泰》。
按:趙汝楳《周易輯聞》卷二《泰》:
否不生於否,而胎於泰。聖人於三示其端,慮其自此漸為否也;於上要其極,則遂入於否,不可反矣。

〔註158〕見郝敬《周易正解》卷五《泰》。

〔註159〕「弊」,《周易正解》作「敝」。

〔註160〕「弊」,《周易正解》作「否」。

〔註161〕葉良佩,字敬之,台州太平人。嘉靖癸未進士。著《周易義叢》十六卷。此藝文見《周易義叢》卷三《泰》。

〔註162〕蘇濬《生生篇·師》。(《四庫全書存目叢書》經部第13冊,第31頁)

則平日積纍之功廢於一旦。紀綱陵替，法度廢弛，其命亂也。」「城復於隍」，天也，孔子仍歸之人事。

九三、上六，其位皆正，故皆得為貞。九三將變，而有陽剛之才，故能「艱貞」則「无咎」。上六已亂，而以重陰處之，則所謂「貞」，不過固守其柔，不敢動作而已，其能免於「吝」乎？〔註163〕

有城則有邑。「古書多以己所居邑曰邑。『王率割邑』、『商邑翼翼』、『盤庚不常厥邑』、『周公作新大邑』，皆謂己邑。」〔註164〕隍城塹有水曰池，無水曰隍。

程正叔曰〔註165〕：「凡貞凶、貞吝有二義：有貞固守此則凶吝者，有雖得正亦凶吝者。不云貞凶而云貞吝者，將否而告命，為可羞吝。」

楊廷秀曰〔註166〕：「乾、坤，天地之初。屯、蒙，人物之初。有物此有養，故需以養之。養者，生之源，亦爭之端。爭一生焉，小者訟，大者戰，師以除其惡，比以附其善。畜以生聚，履以辯治，而後致泰，豈一手一足之力哉！」胡仲虎曰〔註167〕：「自乾、坤至履，陽三十畫，陰三十畫，陰陽之數適相等，然後為三陰三陽之泰。」馮奇之曰〔註168〕：「乾、坤之後，經歷六坎，險阻備嘗，內有所畜，外有所履，然後致泰。而泰之後，否即繼之。以此知斯人之生，立之難而喪之易；國家之興，成之難而敗之易；天下之治，致之難而亂之易。此序《易》者之深意，亦天地自然之理也。」

〔註163〕此一節見項安世《周易玩辭》卷三《泰‧九三艱貞无咎上六貞吝》。
〔註164〕見楊簡《楊氏易傳》卷六《泰》。
〔註165〕見程頤《伊川易傳》卷一《泰》。
〔註166〕見楊萬里《誠齋易傳》卷四《泰》。
〔註167〕見胡炳文《周易本義通釋》卷一《泰》。
〔註168〕見馮椅《厚齋易學》卷十《泰》。